60日で9割捨てる片づけ術

ミニマリスト
Takeru

CROSSMEDIA PUBLISHING

プロローグ
あなたもいつか直面する遺品整理と生前整理のリアル

はじめまして。ミニマリストのタケルです。本書を手に取っていただき、ありがとうございます。僕は2017年12月から「Minimalist Takeru」というユーチューブチャンネル（※1）で、「モノが少ない暮らし」や「ミニマリスト流の片づけ術」などを発信しています。おかげさまでチャンネルの登録者数は14万人を突破し、累計再生回数は8400万回を超えた大きなチャンネルとなりました（2024年9月現在）。

「ミニマリスト」について全く知らない人もいると思いますが、わかりやすく説明すると**「不要なモノを手放し、必要最少限のモノで生活をする人」**です。自分にとって本当に必要なモノだけを持つことで、むしろ豊かに、自由に、幸せに生きられるという考え方で、近年の大量生産・大量消費の現代社会において新しく生まれたライフスタイルです。

今や、いつでもモノが手に入る時代だからこそ、**モノを買っても一瞬の高揚感で終わり、心がすぐ満たされなくなり、「生きづらさ」や「暮らしにくさ」を感じる人が増えてきました。**

その結果、「自分にとって本当に必要なモノを見極めたい！」「モノを減らして自由に生きたい！」「モノより経験にお金を使いたい！」「モノより貯蓄にお金を回したい！」「家事を楽にしたい！」「モノを減らして快適に暮らしたい！」と、ミニマリスト生活に憧れる人が続々と増えているのです。

ただその一方で、**片づけや生前整理を嫌がり、たくさんのモノを残して亡くなる人が多いのが現状です。**そして遺族は、あまりのモノの多さに呆然と立ち尽くすことになります。

「どうしてこんなにモノがあるの？」

「何から捨てよう……」

「これ、どうやって処分すればいいんだ……」

「通帳や家の鍵、大事な書類とか、大事なモノが全然見つからないんだけど……」

「この遺品整理、いつ終わるの?」


片づけても片づけても終わらない遺品整理に、誰にもぶつけられない感情が込み上げてくるのです。


僕は2019年に祖母の生前整理を行い、さらに2024年7月にも叔父の生前整理をしたことがありますが、あまりのモノの多さと部屋の汚さに愕然としました。

「なんなのこれ?」「なんでゴミを捨てないの?」「これ絶対使ってないじゃん!」

「なんで同じモノが何個もあるの?」「うわ~汚い……」というモノばかり。


身内といえど、他人の持ち物。現実はそんなものです。

僕は「**この生前整理のリアルを伝えたい！**」「**遺品整理の大変さを知ってほしい！**」「**できれば中高年世代に生前整理をしてほしい！**」という気持ちで、その片づけの様子をユーチューブで公開したところ大反響。

祖母の生前整理（※2※3※4※5）は5年間で合計197万回再生、叔父の生前整理（※6※7※8）は公開後2カ月間で合計37万回も再生されました（2024年9月現在）。

さらに、それらの動画のコメント欄には、「**私も両親の生前整理と遺品整理がすごく辛かったです**」「**私は夫の遺品整理で苦労しました**」「**私は遺品整理をするたびに腹が立ちました**」「**自分の両親にも見てほしい**」「**私は物屋敷の実家に帰るたびにうんざりしてます**」など、共感の声・嘆きの声・悲痛な叫び・怒りの声がたくさん届いたのです。

ですが今は、大量生産・大量消費が当たり前の時代。世の中はモノで溢れ、モノを買うのが当たり前になっています。多くのモノたちが「この商品を買えば幸せになれる」「この商品を買えば、あなたの問題や悩みを解決します」と訴えかけてきます。だから、あなた自身やあなたの家族も、モノを増やしてしまうのは時代的にも仕方のないことなのかもしれません。

つまり、**僕たちは必ず、両親や祖父母、兄弟姉妹、あなたの配偶者だけではなく、義父母の生前整理や遺品整理の問題にいつかは直面します。**あなたは、この現実を受け止めるしかありません。もし何もしないまま放置すれば、最終的にあなたの子どもや孫の代まで迷惑をかけてしまうでしょう。

あなたの持ち物に関しても同じです。あなたが老後、介護施設に入るときや大病を患い人生の最期を病院で過ごすとき、身内が生前整理をすることになります。もしあなたがこの世を去った場合、あなたが残した遺品は身内が片づけることになります。**モノが多ければ多いほど、あなたの家族が辛い思いをしながら片づけることになるでしょう。**

「生前整理」と聞くと「なんか人生最期みたいで嫌だ」「まだ元気なのに、生前整理するなんて情けない」と、なんだか虚しい気持ち、悲しい気持ちになる人もいると思います。もちろん、「生前整理」は人生の終わりを意識した「終活」の一部とも位置づけられているので、そう感じてしまうのも無理はありません。

ですが、人はいつか最期を迎えます。自分の命も親の命も、あなたの配偶者の命にも限りがある。だからこそ、**今を生きるため、人生を楽しむために、「不要になったモノ」や「役目を果たしたモノ」から手放していくことが重要なのです。「生前整理」は年齢に関係なく、健康で時間や体力に余裕があるうちに片づけ始めるべきです。**

そして最も重要なのは、「生前整理」することは、20代・30代の若者だろうが、60代・70代のシニアだろうが、自分の人生、家族の人生と真剣に向き合うことに繋がります。**モノに命を削られる人生でいいのか、これからをどう生きたいのか、何をして人生を楽しみたいのか、自分の命をどう使いたいのか、そのために持ち物を定期的に**

見直して住環境を整えることが、僕は生前整理の醍醐味だと考えています。

あなたの両親や配偶者はどうでしょうか？　もし「生前整理」を嫌がっている場合、それを説得することは容易ではないでしょう。あなた自身も、まだ生きているのに申し訳ない気持ちもあって、片づけられないことがほとんどだと思います。正直、人の持ち物や暮らし方に口出しするのは喧嘩にもなるし、難しいのが現実です。

家族からしてみたらありがた迷惑かもしれませんが、決して他人事ではありません。泣く泣く生前整理を諦め、「遺品整理を頑張るしかないか」と腹を括る人も少なくありませんし、現に「遺品整理がすごく大変」と嘆く人が多くいます。

でもいつかは誰もが歳を取るので、病気や介護などで生前整理をしなければいけない状況に直面するでしょう。そしていずれ、遺品整理にも向き合わなければいけないときが必ず来ます。

もし早くから不要なモノを減らして身軽に暮らしていれば、快適で居心地のよい部屋で毎日過ごせるし、残りの人生を思う存分楽しむことだってできます。万が一のとき、身内に迷惑をかける心配もありません。だから尚更、元気なうちに片づけることが何より大事なのです。

僕は祖母と叔父の生前整理を通じて、自分の生き方を見つめ直すよいキッカケとなりました。きっとあなたも、遺品整理や生前整理を通じて、「お金の使い方」「時間の使い方」「命の使い方」「モノの管理」を考えるキッカケになるでしょう。

生前整理や遺品整理は、家族の命と向き合い、命の尊さを感じつつ、あなた自身の人生を考える大事なライフイベントのひとつとなります。

本書では、遺品整理の大変さや生前整理の重要性だけではなく、あなたが家族の遺品整理や生前整理に直面したときにどう向き合っていけばいいのか、そしてあなた自身が生前整理をしたい場合の重要ポイントを厳選して解説していきます。

あなたの「今の生活」のために、そして「未来」のために、「大切な家族」のために、これから僕と一緒に片づけをしていきながら、これからの生き方、命の使い方を考えていきましょう。**生前整理・遺品整理は大変な作業になりますが、地道にコツコツ頑張ることによって、あなたの未来は明るくなっていくはずです。**

2024年12月吉日
ミニマリスト　タケル

Chapter 1
他人事ではない！ 親と実家の大きな問題

Chapter 2

60日で9割捨てる！片づけの心構えと準備

Chapter 3 1日目～30日目 まず最優先で片づけるべきモノ

Chapter 4 31日目～60日目 家が丸ごとスッキリする片づけ

Chapter 5

これからの「命の使い方」を考える

装丁・本文デザイン・DTP・イラスト――クロスメディア・パブリッシング

Chapter

1

他人事ではない！
親と実家の
大きな問題

1 汚部屋チェックリスト（汚部屋の7つの特徴）

はじめに、あなたの家や実家の「溜め込み度合い」「汚部屋度合い」をチェックしましょう。今から挙げる7つのチェック項目は、汚部屋によく見られる特徴です。もちろん、祖母や叔父の家にも全て当てはまっていました。まずは客観的に部屋の状態を把握し、自覚することから始めましょう。

汚部屋の特徴①▼収納アイテムが多い

収納アイテムが多いということは、それだけモノが増えている証です。とくに叔父の部屋には、収納カゴや収納棚、収納ケースなど、「モノを入れるためのモノ」が山ほど出てきました。モノが少なければ収納自体も必要なくなるので、自然と部屋はスッキリするはずです。

汚部屋の特徴②▼同じようなモノが何個もある

僕が祖母と叔父の生前整理をしていて感じたのは、同じような食器や洋服、傘、カバン、モバイルバッテリー、イヤホンなどが何個も出てきました。僕たちはすでに十分暮らせるだけのモノがあるのに、なぜ次々とモノを買ってしまうのでしょうか。本当にお金がもったいないないと思います。

汚部屋の特徴③▼何年も使ってないモノが保管されている

例えば、何年も読んでない本や雑誌、何年も着ていない洋服、人から貰って使わないまま保管された頂き物など、収納に入れっぱなしになってないですか?「使ってないモノ」を溜め込む生活は、最終的に汚部屋になってしまいます。ミニマリスト的に言えば、使ってなければ「ないのと同じ」ですよ!

汚部屋の特徴④▼思い出のモノが捨てられない

ある程度、思い出のモノを残すのは全く問題ありません。ですが、生まれてから死ぬまでの何十年という人生で、全く捨てずに思い出のモノを残してしまえば、収納がいくらあっても足りません。

汚部屋の特徴⑤▼備蓄が必要以上に多い

防災という観点で備蓄をするとか、例えば70歳を超えている方や、持病を抱えている方は、買い物に行くのも大変なので少し多めに備蓄することは必要なことだと思います。ただ僕が今まで何百件と汚部屋を見てきた限り、必要以上に備蓄をしすぎている方が多いです。すでに賞味期限切れの備蓄がある場合は買いすぎです。

汚部屋の特徴⑥▼書類が山ほど収納されている

遺品整理・生前整理をしていると、大量の書類が出てきます。中には重要な書類もあると思いますが、「重要な書類」と「どうでもいい書類」を混同してませんか?

汚部屋の特徴⑦▼ゴミが捨てられていない

歳を取っていくと徐々に体が思うように動かなくなり、ゴミが捨てられなくなっていきます。僕の祖母や叔父の部屋からも、飲みかけのペットボトルが何本も出てきたり、壊れて使い物にならないモノがたくさん出てきました。若くして汚部屋に住んでいる人も、面倒臭がってゴミを捨てられない人が多いです。

2

親の持ち物の「9割」がゴミになる

遺品整理を経験したことがある方はご存知だと思いますが、**僕たちが死んだ後の遺品は約9割がゴミとなります。**つまり、身内といえど他人の持ち物はそのほとんどがいらないモノで、処分されることになるのです。実際、祖母の生前整理でも、叔父の生前整理でも、ほぼ9割のモノは処分。残りの1割は、介護施設や病院で使う用として日用品や数着の衣類を残したり、相続の手続きで必要そうな書類や貴重品だけでした。

あんなに家にモノがあったのに、結局人生の最期は少しのモノしか必要ない。病院にも、介護施設にも、あの世にも、大量のモノは持っていけませんから。そして、家に残った大量のモノたちは家族が処分することになり、それが大きな負担となります。

親が残したモノはあなたに負担が、あなたが残したモノは配偶者や兄弟、子どもに負担がいくのです。

片づけは本当に大変な作業で、まずは肉体的に大きな負担がかかります。**分別が大変で時間がかかる上、ゴミ袋や家具・家電を運び出したりと、想像以上に重労働です。**さらに最悪の場合、その家のトイレが汚すぎて用を足せなかったり、水道水が飲めなかったり、真夏や真冬の時期に冷暖房機器が使えない中で片づけることもあります。**片づけが原因で、大きく体調を崩す人もいるでしょう。**

その上、片づけをするにはお金もかかります。業者に頼めば、まるまる処分するために数十万円~百万円というかなりの大金が出ていきます。自分たちで生前整理・遺品整理するとなれば、**帰省のための交通費や宿泊費、飲食代、ゴミ袋費用、粗大ゴミの処分費用などにもお金がかかります。**遺産相続である程度お金が入ってくるならいいですが、場合によっては自費でお金を払って処分することもあります。

それだけではありません。生前整理や遺品整理は長期戦なので、仕事を何度も休んで片づけを行わなければいけなかったり、誰かに子どもの世話をしてもらっている間に片づけたりと、**周りの家族や仕事にまで影響が出るのです。**

もちろん、老後を楽しむためにはある程度のモノは必要でしょう。でも、**「使ってないモノ」「役目を果たしたモノ」まで残しておく必要はありません。「程よく残し、程よく捨てておく」がちょうどいいのかもしれません。**

ここがポイント

- ☑ 僕たちが死んだあとのモノは、誰も使ってくれない。
- ☑ 人生の最期は、少しのモノしか必要ない。
- ☑ 生前整理・遺品整理は想像以上に大変。
- ☑ 老後を楽しむために、程よく残して、程よく捨てる。

3

あなたの親が片づけてくれない7つの理由と対策

僕のユーチューブチャンネルには、遺品整理や生前整理に関するお悩みがたくさん届きます。その多くが「**親が片づけてくれない**」「**片づけに反対してくる**」「**片づけようとしたら怒られる**」「**何も捨てるモノはないと断られる**」というものです。せっかく実家を片づけようとしても、なかなか片づけが進まず、モヤモヤしている人が多いようです。

あなたが実家の遺品整理や生前整理を進めたい場合、まずは相手を知ることから始めましょう。**相手の言い分や気持ちを理解することで、対策が見えてくるはずです。**

捨てたくない理由①▼「所有物＝財産」だと思っている

自分がお金を払って買ったモノには価値があり、「モノ＝財産」だと思っている人が多くいます。だから、「片づけ＝財産を手放すこと」だと感じ、捨てられないのです。

［対策］両親が「価値を感じないモノ」から手放していきましょう。

賞味期限切れの食材や大量のチラシ、粗大ゴミ、処分に困っているモノ、壊れているモノ、ボロボロのモノ、枯れた植物など、「処分を手伝う」スタンスで片づけを一緒に進めてみてください。

［対策］「売りたいモノ」がないか聞いてみましょう。

貴金属やパソコン、本、着物、ブランドモノなどであれば、早いうちに売った方がお金になるはずです。

捨てたくない理由②▼思い出を捨てたくない

ずっと人生を共にしてきたモノだからこそ、一つひとつのモノに思い出が詰まっています。「モノ＝宝物」と捉えているので、「片づけ＝思い出を捨てること」に感じてしまうのです。

〔対策〕「思い出とは関係ないモノ」から手放しましょう。
例えば、大量の傘や充電ケーブル、古いタオル、期限が過ぎた保証書、昔のカレンダー、多すぎる工具など、思い出と関係なければ手放せるはずです。

〔対策〕「嫌な出来事・辛い体験を思い出させるモノ」を手放しましょう。
例えば、仕事関係の衣類や名札、辛い時期に身につけていたモノ、汚いモノ、ケガの原因になったモノなどであれば、躊躇なく手放せるかもしれません。

捨てたくない理由③▼「いつか使う」と思っている

家にあるモノは全部「いつか使う」「いつか必要になる」「念のため残しておきたい」と思っていて、片づけられない人も多くいます。

[対策]「5年以上前のモノ」から手放していきましょう。

たとえ「いつか使う」と思っていても、過去5年間、一度も使ってこなかったモノであれば今後も使うことはないでしょう。情報の古い教材や本、古い請求書、昔の名刺、手帳や勉強用ノートなど、古いモノから手放してみてください。

捨てたくない理由④▼「捨てることがもったいない」と感じている

「捨てる＝もったいない」が口癖の人は、単に「捨てるのが心苦しい」「辛い思いをしてまで捨てたくない」と言い換えることができます。

[対策]「寄付できるモノ」「誰かに使ってほしいモノ」を探すとよいでしょう。

「自分は使ってないけど、誰かが大切に使ってくれるなら……」と快く手放せるかもしれません。洋服、本、家具、家電、趣味の道具、入浴剤、未使用の食器など、もし状態のよいモノがあれば寄付やプレゼントを検討してみてください。

捨てたくない理由⑤▼将来のために備蓄しておきたい

歳を取ると買い物に行くのも大変になります。だから備蓄として、食材や消耗品のストックを買い込むのは仕方のないことなのかもしれません。また、少ない年金生活になったときにモノに対するが価値が上がるので、より溜め込み体質になります。

【対策】「役目を果たしたモノ」から手放していきましょう。

例えば、賞味期限が切れた食材、空になった芳香剤、水一杯になった除湿剤、1年以上前に開封した防虫剤、使用期限の過ぎた薬など、役目を果たしたモノであれば手放しやすいはずです。

捨てたくない理由⑥▼「好きなモノを捨てたくない」

買い物が趣味の人は、好きなモノやお気に入りのモノがたくさんあります。当然ながら「好きなモノ」「お気に入りのモノ」まで捨てる必要はないのですが、「片づけ＝好きなモノを捨てる」と勘違いしている人も少なくありません。

〔対策〕「嫌いなモノ」「苦手なモノ」「ストレスなモノ」から手放しましょう。

今まで買ってきたモノの中には、匂いが苦手なモノ、自分に似合わなかったモノ、自分の体に合わなかった服や化粧品、使ってみたけどストレスだった家電や便利グッズ、嫌いな人からもらったモノなどもあるはずです。

捨てたくない理由⑦▼「片づけの必要性」を感じていない

今は普通に生活ができていて、何の不便もなく、「片づける必要性」を全く感じてない人もいます。むしろ「片づけ＝不便な生活になる」とすら思っているので、片づけを真っ向から嫌がり片づける時間を作ろうとしません。そしてこのタイプの人は、「自分が死んだら捨ててほしい」「自分が死んだ後のことは、家族に全部任せよう」と考えています。

〔対策〕遺品整理の何が大変かを伝え、自分の気持ちを正直に伝える。

本書には「遺品整理の大変さ」や「生前整理の重要性」が全て書いてあるので、

この本を親にプレゼントしてもいいと思います。そしてあなたからも、遺品整理には体力もお金も時間も必要で、想像以上にキツイことを伝えてください。そしてあなたの気持ちを正直に伝えた上で、一緒に少しずつ片づける約束をしましょう。

［対策］**処分費用を負担してもらう。**

「親の持ち物の9割が処分対象になる」ことを伝えた上で、もし説得しても片づけに応じてもらえない場合、自分が買ったモノの処分は、自分で片づけてもらうために、数十万円～百万円（業者処分費用）を負担してもらうように伝えましょう。さすがに自費で処分するのは辛いですからね。これは最終手段になります。

ここがポイント

☑ 生前整理・遺品整理の大変さを伝える。

☑ 片づけたくない親の気持ちも理解し、できることから始める。

☑ 片づけに応じてもらえない場合は、処分費用を負担するように伝える。

4

60代・70代を迎えると、少しずつ片づけができなくなる

「いつか片づけよう」という言葉をよく耳にしますが、片づけられる期間にはタイムリミットがあります。**60代・70代になると突然病気になったり、体調不良が多くなったり、体力や筋力の低下などで、家のモノが片づけられなくなっていきます。**

さらに、高齢になっていくと買い物が頻繁に行けなくなったり、備蓄も増え、家の中の移動さえしんどくなって、家中のいたる所に同じようなモノが増えていきます。認知症などで物忘れもひどくなれば、よりモノが増えていくでしょう。

だからこそ、**あなたも両親も、若くて元気なうちに、早めに片づけておくことが大事です。**増えたモノが放置されたままになれば、今まで述べてきたように、必ず身内

が遺品整理で辛くて大変な思いをすることになります。だから、できることを少しずつ始めていきましょう。

悲しいことではありますが、60代・70代を迎えると、年齢と共に「できないこと」が増えていきます。長距離移動が辛くなったり、重いモノが持てなくなったり、高い場所のモノが取れなかったり、屈みにくくなったりします。

体の状態を見つつ、あなたも両親と共に「使わなくなったモノ」を片づけていきましょう。よほど思い出のあるものじゃない限り、残す理由はありません。例えば、乗らなくなった車やバイク・自転車、使わなくなった趣味グッズや習い事アイテム、長距離用旅行グッズなどです。おそらく、玄関収納や車庫、物置、押し入れ、クローゼットなどの収納に「使わなくなったモノ」がたくさん保管されていると思うので手放しましょう。

その代わり、**「まだできること」を存分に楽しめるような環境づくりをしましょう。**

70歳になっても、80歳になっても、料理やテレビ、映画、読書、作品作り、散歩、カメラ、ガーデニング、小旅行を楽しめる人は多いと思います。**そこは「生きがい」ですから、多少モノが増えてもいいと思います。**

そんなふうに、年齢や体の状態を把握しながら、人生を楽しめるように、暮らしやすいように住環境を変化させていけば、いざサポートや介護が必要になったときに、家族や介護ヘルパーもサポートしやすくなります。万が一亡くなったときも、家に残されたモノは比較的簡単に遺品整理ができるはずです。

ここがポイント

- ☑ 60代・70代を迎えると徐々に片づけができなくなる。
- ☑ 若いうち、元気なうちに生前整理を行う。
- ☑ 生前整理で「生きがい」まで手放さない。

5 生前整理・遺品整理の落とし穴

先ほども述べたように、遺品整理・生前整理は、体力面や金銭面に大きな負担がかかります。僕も祖母や叔父の生前整理をする際は、覚悟の上で片づけに行きました。

ですが、実際に行ってみると、想像をはるかに超える大変さだったのです。これは実際にやった人じゃないとわからない「生前整理・遺品整理の落とし穴」です。

落とし穴①▼精神的にキツい

大切な家族のモノを片づけること自体が精神的に辛いのに、強烈なニオイやホコリ、汚れ、カビが酷かったりするので、精神的に大きなストレスとなります。目にしたくないモノを何度も見て、汚れたモノにも触れなければなりません。

その上、モノが多すぎて全然片づけが終わりません。劣悪な環境下で、何度も何度も片づけなければならないことが、相当な負担になります。

落とし穴②▼重要なモノが全然見つからない

モノが多い部屋だと、貴重品や重要なモノがどこにあるのか、所有者本人しかわからないので、身内が見つけ出すのには相当苦労することになります。僕の母も、叔父の生前整理で重要書類や銀行通帳、銀行パスワード、実印や届印の場所がわからず、相当大変な思いをしていました。

さらに、現金や重要な書類が家の変なところから出てくることもあるので、ある程度自分たちで片づけてからでないと業者には頼みづらいのが現実です。

落とし穴③▼まとまったお金を失う可能性もある

生前整理や遺品整理に長いこと時間がかかってしまうと、住居費や定期購入（サブスク）費用、通信費、光熱費など、思わぬところでお金を失う可能性があります。

例えば賃貸に住んでいる場合、家賃の滞納だったり、汚れがひどく残置物が多いと退去費用が高くつくこともあります。

さらに持ち家の場合、相続人が売りたくても残置物が多ければ、処分費用を差し引いた額で売らなければいけないので、ここでも数十万円というお金を失う可能性があります。仮に自分たちで遺品整理してから持ち家を売却したくても、片づけるまでに相当な時間が必要となるので、その間は固定資産税を支払い続けることになり、何年も片づけに時間がかかってしまえば、売却金額にも大きな影響が出てしまいます。

落とし穴④▼そもそも遺族にお金がないと……

遺された家族にお金の余裕がないと、帰省するにも節約しないといけませんし、業者に頼むことさえできません。場合によっては仕事を休まなければならず、会社の人やお客様に迷惑をかけますし、アルバイトや個人事業主であれば、毎月の収入がいつもより減ってしまうこともあるでしょう。つまり、金銭的な問題で遺族の生活が苦しくなってしまうこともあるのです。

ここがポイント

☑ 生前整理・遺品整理は、「身体的」「精神的」「金銭的」に辛い。
☑ モノが多い部屋だと、身内が「貴重品」を見つけられずに困る。

6 老後にモノは必要ですか？

生前整理・遺品整理をしていると、「なんでこんなにモノがあるの？」「これ絶対使ってないじゃん！」「同じモノが何個も出てくる……」「なんでこんな所にコレがあるの？」というモノがたくさん出てきます。

僕が思うに、**老後生活に必要なモノはそこまで多くないと思うのです。本当に必要なモノは限られています。**

老後生活に必要なモノ①▼日常的に使っているモノ

例えば、寝具や家具・家電、調理器具や食器、衣類や靴、化粧品、衛生用品、日用品、掃除道具、趣味のモノなど、頻繁に使っているモノがあると思います。高頻度で使っているモノも、過剰に持ち過ぎるのではなく必要十分な量だけ残しましょう。趣味のモノに関しては、人生を楽しむための必須アイテムになるので、程よく持つことが大切です。

老後生活に必要なモノ②▼貴重品

通帳や印鑑、クレジットカード、保険証、運転免許証、パスポート、重要書類などは、自分のためにも家族のためにも、ひとまとめにして保管場所をあらかじめ伝えておきましょう。

老後生活に必要なモノ③▼必要十分な備蓄と予備

年齢を重ねると、何度も買い物に出かけるのが大変だし、重い荷物を運ぶのにも苦労します。若いミニマリストのように「ストックは1つまで」と言わず、体力や体の状態に合わせて数カ月分のストックがあった方が暮らしやすいかもしれません。ただ、消費しきれない量を買ってしまうと結局使わずに終わってしまい、単にお金を捨てるのと同じになるので注意が必要です。

老後生活に必要なモノ④▼大事な思い出や作品

思い出のモノや作品は、その人の暮らしによい影響を与え、心を豊かにしてくれます。だからと言って、何でもかんでも思い出のモノや作品を残す必要はなく、優先順位をつけて「一番心に響くモノ」「一番心が満たされるモノ」「失うと心にポッカリ穴が開いてしまうくらい愛おしいモノ」を厳選して持つようにしましょう。

このように、老後生活に必要なモノはそこまで多くないものの、何でもかんでも捨ててしまえば、たちまち老後生活は「不便」で「楽しくない生活」になってしまいます。したがって、**「使ってないモノ」「なくても生活に困らないモノ」を手放し、必要十分なモノを揃え、整理整頓を心がけてください。そうすれば「快適」で「安心安全」な環境が整うはずです。**それは本人にとっても、周りでサポートする人たちにとっても一番よい環境となるのです。

ここがポイント

☑老後生活に必要なモノは実は少ない。

☑「日常的に使っているモノ」「貴重品」「適度な備蓄」「少しの思い出」は残す。

☑不要なモノを手放すことで、「快適」「安心」「安全」が手に入る。

7 年金生活の厳しい現実

祖母も叔父も、かなり築古の賃貸アパートに暮らしており、僕は生前整理を通じて、年金生活が厳しいものだと知りました。僕もあなたも、決して他人事ではありません。

僕たちは将来、いくら年金がもらえるかわかりません。あくまで目安ですが、厚生労働省「厚生年金保険・国民年金事業の概要」（令和4年度版※9）によると、国民全員が受け取れる国民年金の平均月額は**5万6316円**、厚生年金（国民年金月額を含む）の平均月額は**14万3973円**となっています（※10）。

また、総務省の「家庭調査年報」（※11）によると、2022年（令和4年度）における**65歳以上の老後の生活費は、単身者で約15・5万円、夫婦2人で約26・8万円**という結果になっています。ちなみに、厚生労働省「2023年（令和5年）国民生活基礎調査の概要（※12）」によると、**年金を受け取っている高齢者世帯のうち、年金〝だけ〟で生活している世帯の割合は約4割しかありません。そして高齢者世帯の約6割は「生活が苦しい」と感じているデータが出ています。**

実際、「年金生活の現実」というユーチューブ動画を観ても、年金受給者の方々はかなり生活を切り詰めて、あまり贅沢せず生活をしているように見受けられました。貯蓄は多少なりともあるとはいえ、1カ月あたりの年金額は1人当たり約5万円～15万円ですから、「贅沢三昧」というわけにはいきません。

つまり、**20～50代のときに生活水準を上げてしまい、贅沢な生活に慣れてしまうと十分な老後資金が貯められず、かなり厳しい老後生活になってしまうのです。**

たとえば、家賃の高いところに住む、背伸びをして高額なマイホームや車を購入する、外食や旅行ばかりにお金を使う、洋服や化粧品、ブランド物、家具家電を次々に買ってしまえば老後資金は貯まりません。そんな贅沢な生活を老後になっても続ければ、公的年金だけの生活は難しいでしょう。そうなれば、老後も働くしかありません。実際、65歳以上の高齢就業者数は912万人もいるようです(※13)。

あなたは現役世代のときに上げてしまった生活水準を、少ない年金生活になったときに、どうやってその高い生活水準を維持しますか?

さらに、不安を煽るようで大変恐縮ですが、物価上昇や増税、社会保険料の値上げ、公的年金支給額の引き下げなども、可能性はゼロではありません。

人生を楽しむためにお金を使うことはもちろん大事です。ただ、それをいいことに贅沢な生活が習慣になってしまうと、なかなか質素倹約な生活に戻すこともできず、貯蓄がみるみる減っていき、老後貧乏になってしまうので注意が必要です。

したがって、**現役世代のときは身の丈の範囲内で贅沢を楽しみつつ、生活水準を上げ過ぎずに、将来にも備えていきましょう。**そして本書で、「**少ないモノとお金で楽**

しむ術」を学んでみてください。きっとあなたの生活にも「ミニマリスト」という新しいライフスタイルが役立つはずです。

ここがポイント

- ☑ 現役世代のときに上げた生活水準は、少ない年金で維持できない。
- ☑ 年金だけで生活できる高齢者世帯の割合は4割だけ。
- ☑ 高齢者世帯の約6割は「生活が苦しい」と感じている。
- ☑ 節約スキルは、若いときにも、老後生活にも役立つ必須スキル。
- ☑ 身の丈の範囲内で贅沢を楽しみ、将来にも備えるのが大事。

Chapter

2

60日で9割捨てる！
片づけの心構えと準備

1

生前整理・遺品整理するときの4つの心構え

「生前整理」とは、あなたや両親が元気なうちに、生きているうちに「手放すモノ」「残すモノ」を決めて片づけることです。そして「遺品整理」は、故人が残したモノを整理して住居をキレイにすること。この「生前整理」「遺品整理」の両方に共通して、片づけるときの心構えとして大事なポイントがあります。

心構え①▼捨てる前に必ず本人確認を取る

所有者本人や周りの家族が「全部捨てていい」「好きに片づけていい」と許可をもらえればいいのですが、普通はそううまくいきません。勝手に捨ててしまうとトラブルの元になりますので、面倒ですが一つひとつ確認を取るようにしてください。

そして「いるか、いらないか」を聞くときは、不機嫌なときや忙しいときは避けたほうがいいでしょう。本人はそれどころじゃないので、「全部いる！」となってしまう可能性が高いからです。できる限り上機嫌のとき（余裕があるとき）であれば、「いるか、いらないか」を冷静に判断しやすくなります。

心構え②▼「役目を果たしたモノ」「使ってないモノ」だけ手放す

片づけでは、大事なモノまで手放さないことが鉄則です。遺品であれば、そのほとんどが「役目を果たしたモノ」になりますが、**生前整理であれば「生活の中で使っているモノ」と「役目を果たしたモノ（使ってないモノ）」を見極めて片づけましょう。**

心構え③▼「役目を果たしてくれてありがとう」と感謝して手放す

たとえ不要なモノだとわかっていても、一つひとつのモノに感情移入して手放せない場合があります。そんなときは感謝しながら手放してみましょう。

両手を合わせて合掌したり、ギュッと抱きしめながら、「役目を果たしてくれてありがとう」「生活を豊かにしてくれてありがとう」「幸せを与えてくれてありがとう」「たくさんの思い出をありがとう」「お疲れ様」「ゆっくり休んでね」と、心からの敬意を払うのです。**別れ際にきちんと感謝の気持ちを伝えることで、手放すストレスが軽減し、寂しい気持ちが薄れ、前向きに手放しやすくなるはずです。**

心構え④▼無理をせず、余力を残しながら片づける

第1章でも述べましたが、生前整理も遺品整理も体力勝負・精神力勝負です。部屋の臭いがキツかったり、汚いモノを何度も目にしたり触れたりします。だから決して無理をせず、余力を残しながら片づけましょう。

僕も、祖母と叔父の生前整理のときは、1~2時間ごとに休憩をとり、水分補給をして、新鮮な空気を吸いに散歩をしたり、片づけ終わりには疲れを癒しに銭湯へ行ったり、美味しいご飯を食べ、夜はぐっすり寝ていました。

そんなふうに、自分でうまく体調を整えながら少しずつ片づけを進めていきましょ

う。片づけは「マラソン」と同じです。短距離走のようにいきなり全力では、体も心も持ちません。余力を残しながら片づけ続けることで、必ずゴールが見えてきます。

ここがポイント

- ☑ 捨てる前に必ず所有者本人や周りの家族に確認する。
- ☑ 片づけは大事なモノまで手放さない。
- ☑ 「役目を果たしたモノ」「使ってないモノ」だけ手放す。
- ☑ 感謝しながら手放すと前向きに手放しやすい。
- ☑ 無理せず余力を残しながら片づける。

2

効率よく片づける4つの鉄則

ここでは効率よく片づけるための、シンプルでわかりやすい「片づけの原理原則」をご紹介します。これは、ミニマリスト歴10年の僕がいつも実践している片づけ術なので超オススメです！

原理原則①▼片づけは簡単なところから始める

これは常に心がけるようにしましょう。**難しいところから片づけ始めてしまうと、時間がかかりすぎて疲れますし、何より片づけの計画が崩れてしまいます。**ですので、簡単に片づけるためには次の方法を試してみてください。

（1）明らかなゴミから手放す

［例］壊れているモノ、ボロボロのモノ、汚すぎるモノ、臭いモノ、古くて使えないモノ、カビがひどいモノ、空っぽのモノ、使用期限が過ぎたモノ、自分の体に合わないモノなど。

（2）スモールスペースから片づける

スモールスペースとは「小さな空間」という意味で、財布やカバンの中身、小ケースや小さい収納ボックス、引き出しなどを指します。スモールスペースは短時間で簡単に片づけられるので、とくに片づけ初心者にオススメの方法です。

（3）短時間から始めてみる

いきなり1時間以上片づけるとなると、一気に片づけのハードルが上がってしまい、結局片づけをやらなくなってしまいます。まずは短時間（5～15分くらい）で始めてみてください。片づけは継続がとても重要です。徐々に慣れてきたら、片づけ時間を長くしていきましょう。

（4）迷ったモノは保留ボックスに入れて一定期間保管する

「捨てるか残すか」迷ったものは、無理してその場で判断しなくても大丈夫です。**迷っている時間がもったいないので、一旦「保留ボックス」に入れて、次に進みましょう。**その日の片づけの最後に再度判断してもいいですし、1カ月以上時間をおいてから判断しても大丈夫です。

原理原則②▼「全出し」をしてから「1軍・2軍・3軍」を決める

片づける際は、**まずは収納の中身を「全出し」して、収納の中を空っぽにしましょう。一度収納をリセットして、必要なモノだけを収納し直すためです。**収納にモノをしまったまま「いる」「いらない」を考えてしまうと、「残す理由」を考えてしまいがちです。一度収納から全部出すことで、冷静な判断を下すことができます。

そして、全出ししながらで構いませんので、「**1軍：よく使うモノ**」「**2軍：たまに使うモノ**」「**3軍：ほとんど使わないモノ**」で分けておきましょう。ここで「1軍：よく使うモノ」と「2軍：たまに使うモノ」に選ばれたモノたちは、生活に必要なモノになります。これさえあれば、間違いなく普段の生活は回せるでしょう。

そして、**「3軍：ほとんど使わないモノ」に選ばれたモノたちは、手放せそうなモノから片づけてみてください。**3軍のモノは、「絶対にいる」「絶対にいらない」「迷うモノ」の3つに分類してから判断すると、片づけやすいと思います。無理して手放す必要はありません。迷ったモノは全部「保留ボックス」に一旦保管して、後日改めて判断しましょう。

原理原則③▼スペースの役割を考えて収納する

「収納」を考えるときの重要なポイントは2つあります。

まず**1つ目の収納ポイントは、「どこでよく使うか」「一番使いやすい動線」を考えて、収納場所を決めることです。**

例えば、あなたはタオルをどこでよく使いますか？　我が家ではトイレとキッチン、脱衣所でよく使うので、我が家ではキッチンと脱衣所にタオルが収納されています。
次に、あなたはフライパンやキッチンスポンジをどこでよく使いますか？
フライパンはコンロ上でよく使うので、我が家ではコンロ下に収納しています。キッチンスポンジはシンクでよく使うので、我が家ではシンク下に収納しています。

このように、**あるべき場所に、あるべきモノが収まっていくと、モノの定位置が決まっていくし、普段使う場所には使うモノだけが残ります。**さらに見た目がスッキリして、使い勝手がよくなるはずです。

2つ目の収納ポイントは、収納する順番です。空っぽになった収納にモノを戻す際は、使用頻度の高いモノ（優先順位が高いモノ）から戻していきましょう。つまり、まずは「1軍のよく使うモノ」を収納し、次に「2軍のたまに使うモノ」を収納するのです。なぜなら、**よく使うモノは「一番使いやすい所」に収納するべきだからです。**

3軍のモノに関しては、先ほども述べたように「保留ボックス」にまとめて押し入れにしまっておきましょう。保留のモノを集めていくことで、使ってないモノが多いことを実感できるはずです。そして、一定期間保留ボックスに置いておくことで執着が薄れ、存在すら忘れ、いつか手放せるようになります。

原理原則④▼手放すモノは「処分・譲る・寄付・売る」で分ける

「手放す」と一言でいっても、何も「捨てる」だけではありません。人に譲りたいモノもあると思うし、寄付したいモノ、売ってお金に換えたいモノもあるはずです。したがって、**片づけるときは「処分するモノ」「人に譲るモノ」「寄付するモノ」「売りたいモノ」で分けていきましょう。**手放すモノを4つに分類しておけば、効率的に手放すことができます。

ここがポイント

☑「片づけは、必ず簡単なところからやる」を常に心がける。

☑片づけるときは、必ず全出しして収納を空っぽにする。

☑「よく使うモノ」と「たまに使うモノ」さえあれば十分生活はできる。

☑「1軍のよく使うモノ」は、一番よく使う場所に収納する。

☑「手放す」とは、「処分」「譲る」「寄付」「売る」の4つがある。

3 生前整理・遺品整理の5つの事前準備

僕が祖母や叔父の生前整理をする際にも、あらかじめしっかりと準備をしていたことで、計画的に効率よく片づけを終わらせることができました。ぜひあなたも参考にしてみてください（もしあなた自身の生前整理を行いたい場合は、①を飛ばして②からスタートしてください）。

片づけの事前準備①▼家族に連絡を取って必要な荷物を用意する

叔父の生前整理をする際、まず僕は母にスケジュールを伝えて予定を合わせ、1泊2日で地元に帰省しました。家の鍵の受け取り日時も確認しておきます。

次に、片づける部屋の写真を何枚か送ってもらい、どんな状況かを確認しながら、

「遺書や相続財産の有無」「探しているモノはないか」「残してほしいモノ」「売りたいモノ」「片づけてほしい場所」など、母の要望を予め聞いて、頭に入れておきます。

そしてなんとなく捨てるモノが明確になったら、現地の「ゴミ分別表」を予習しておくといいかもしれません。捨て方は自治体によって異なります。

片づけ当日は、必要なモノを忘れずに用意しておきましょう。僕が必要だと思ったのは、**大量のゴミ袋（一気に大量に捨てる場合は大きめのゴミ袋が好ましい）、ゴム手袋、飲み物、タオル、着替え、塩分チャージ、マスク、帽子**です。ハサミやヒモは、家にあるものを使いました。

注意点として、家に大量のモノがある場合、あなたの持ち物を紛失してしまう可能性があるので十分気をつけましょう。

ポイントまとめ

- ☑スケジュールの確認。
- ☑家の鍵を忘れずに受け取る。
- ☑持ち主（または相続人）に要望を聞く。
- ☑現地のゴミ分別表を予習する。
- ☑片づけに必要なモノを準備する。
- ☑自分のモノを失くさないように管理する。

片づけの事前準備②▼部屋全体を把握し、ざっくりと計画を立てる

実際に片づける家に到着したら、まずは**家全体の各場所の状況を確認し、どんな手順で片づけていくのか計画を立てましょう。**

僕の場合は、1泊2日という限られた時間しかなかったので、家全体の様子を確認

した上で、「3部屋分（洋室1・洋室2・和室）」を片づけることに決めました。

1日目の午前中は一番簡単そうに片づけられる「洋室1」を、昼食を取った後は「洋室2」を片づけ、2日目は一番汚い部屋「和室」を午前中に片づけて、午後は銭湯に入って美味しいご飯を食べて、リフレッシュして帰宅する計画を立てました。

片づけの手順を決める際のポイントは、**「簡単に片づけられそうな場所」**から始めることです。難しいところから片づけ始めると、計画倒れになる可能性が非常に高くなります。

もうひとつのポイントは、**「過度な負担をかけないように計画を組む」**ことです。1回の片づけは1～2時間を限度とし、次の片づけに進む前に、しっかり水分補給をして、15分以上の休憩も挟みましょう。

最後のポイントは、**「計画は臨機応変に変更する」**ということです。片づけは予定通りに進まないことが多いです。想像以上に時間がかかったり、体力の消耗もかなり激しいです。ですのでガチガチに計画を立てるのではなく、ゆとりを持って計画を立て、臨機応変に計画を変えていきましょう。

ポイントまとめ

- ☑家全体を把握し、どんな手順で片づけるか計画を立てる。
- ☑簡単に片づけられる場所から始める。
- ☑「1～2時間の片づけ」＋「15分以上のインターバル」を繰り返す。
- ☑計画は片づけ状況に応じて臨機応変に変える。

片づけの事前準備③▼片づける場所を決めたら、片づけの順番を決める

片づける場所を決めたら、闇雲に片づけてはいけません。ここでもしっかり順番を決めて片づけて行くことが大事です（詳しくは叔父の生前整理の動画をご覧ください。※6、※7、※8）。

個人的にオススメなのが、**「床に置いてあるモノ」→「壁に掛かっているモノ」→「収納の中身」の手順で片づけると効率的**です。

最初に「床の上に置いてあるモノ」「床の上に落ちているモノ」を片づけることで、「壁にかかっているモノ」と「収納に入っているモノ」を床の上に広げて仕分けることが可能になります。また、画鋲や釘など、踏んだら危ないモノが万が一落ちたときに見つけやすくなる利点もあります。

次に、カレンダーや洋服、カバンなど「壁に掛かっているモノ」を片づけるべき理由は、「収納の中に入っているモノ」より比較的簡単に片づくという利点があるのと、自分の視界に入る場所がキレイになると、気持ち的にスッキリしやすいからです。

最後に、床も壁もキレイに整った状態で、収納に入っているモノたちを全部出して片づけることで、部屋を広く使って片づけることができます。

ポイントまとめ

☑片づける場所を決めたら、片づけの順番を決める。

☑「床の上」→「壁に掛かってるモノ」→「収納の中身」の順番がオススメ。

片づけの事前準備④▼貴重品や売りたい物の保管場所を作っておく

生前整理・遺品整理では、捨ててはいけない「貴重品」や「売りたいモノ」が出てくるはずです。「処分するモノ」と一緒にしないために、あらかじめ**「貴重品の保管用ボックス」と「売却したいモノを置いておく場所」**を用意しておきましょう。

叔父の生前整理では、片づけ中に現金やメモ帳、運転免許証などの貴重品が出てきましたが、あとで母にまとめて渡すために、収納ボックスにまとめて保管していました。

そして、パソコンやディスプレイ、テレビも売る予定だったので、まとめて査定に出せるように1箇所にまとめておいたので、スムーズに売却することができました。

ポイントまとめ

☑ 貴重品はバラバラに保管せず、ひとまとめにして保管する。
☑ 売りたいモノは、まとめて一度に査定に出せるよう1箇所にまとめておく。

片づけの事前準備⑤▼不用品回収業者に依頼して処分する場合

不用品回収業者に依頼する場合は、複数の業者に見積もりを依頼し、事前に金額を確認するようにしてください。処分するモノの量や大きさによっては、数十万〜百万円という大きな出費につながるので、慎重に会社を選びましょう。

また、通帳や印鑑、クレジットカード、スマホといった「貴重品」や「価値のある財産」など、処分したくないモノは不用品回収業者に事前に伝えておくか、わかりやすく区別しておきましょう。

ポイントまとめ

- ☑回収業者に依頼する場合は、複数の業者に見積もりを出してもらい慎重に選ぶ。
- ☑「貴重品」「価値ある財産」など、処分したくないモノは区別しておく。

4

実は逆だった！「片づけの新常識」

今から紹介するのは、「古い片づけの常識」と「新しい片づけの常識」です。古い常識に囚われたままだと、片づけにものすごい時間がかかったり、片づけた後にリバウンドする可能性があります。

これを機に、新しい常識にアップデートしてください。捨てるべきはまず「古い常識」から始めましょう。

×収納力で片づける

○モノを減らして片づける

【解説】収納を増やしてモノをしまい込むような片づけ術は、散らかる根本の原因を解決していません。一番の原因は不要なモノが多すぎること。モノが少なくなれば、わざわざ収納を買う必要もないし、散らかるモノすらなくなります。収納にはモノではなく空気をしまって、余白を作りましょう。

×収納術で美しく見せる
○**モノを減らして余白を楽しむ**

【解説】収納術を学び、モノをキレイに収納することは、モノが多い人にとっては大事なスキルかもしれません。ですが、それは「本物の美しさ」ではありません。旅館や美術館を想像してみてください。「余計なモノがない」ことが本当の美しさなのです。

×「使えるモノ」を残す
○**「使っているモノ」だけ残す**

［解説］家の中にモノを溜め込む人は「使えるモノ」を残しがちです。それでは一向に部屋は片づきません。部屋をスッキリさせたいなら、やることはただひとつ。「使っているモノ」だけ残しましょう。

×時間がないから、片づける余裕がない
◯片づいてないから、時間も余裕もない

［解説］部屋が片づいてるから、家事や整理整頓、身支度もすぐに終わる。使いたいモノがパッと手に取れる。逆に、モノが多くて部屋が汚いと、身支度も、家事も、決断も、全てに時間がかかります。だから時間も余裕もなくなるのです。

×もったいないから、捨てたくない
◯もったいないなら、使って捨てる

［解説］「もったいなくて捨てられないモノ」を何年も残してあるほうがもったいない

ないと思います。まさに「宝の持ち腐れ」です。モノは使ってこそ、役割を果たします。捨てるのがもったいないと思うならしっかり使い切って、役目を果たして手放しましょう。

×部屋が汚い人は「努力」で片づける

○部屋がキレイな人は「習慣」で片づける

〔解説〕「努力」は「習慣」に敵いません。部屋が汚い人は、片づけようと「努力」はするけど、買い物が「習慣」になっています。だからモノが増えてしまうのです。逆に、毎日部屋がキレイな人は、毎日片づけることを「習慣」にして、モノを増やさない「努力」をしています。だから家からモノが減っていくのです。

×いつか使うから、念のため残したい

○「いつか」は来なかったので、「今」捨てる

【解説】片づけられない人は「使っていない事実」から目を背けて、「いつか使う」と遠い未来に夢を見ます。でもそのいつかは、いつまでも来ません。そして永遠に片づけられないままです。片づけ上手な人は「使ってない事実」を受け入れ、モノを手放します。だから部屋が片づくのです。

×捨てられないから、取っておく

○取っておくから、捨てられなくなる

【解説】「捨てられない」と残したモノは、ずっと捨てられなくなります。捨てられなくなると部屋にモノが溢れてしまうので、必要なければ「今」捨てることが大事です。

×捨てられないのは「モノ」ではない
○そのモノに込めた「感情」を手放す

[解説] 僕たちがモノを手放せないのは、モノに「思い出」や「感情」を込めるからです。もちろん無理に手放す必要はありませんが、「使ってないけど捨てられないモノ」は、保留ボックスに一定期間保管しておきましょう。よっぽど大事なモノでない限り、自然と「記憶」や「感情」が薄れ、手放しやすくなるはずです。

×片づけられない人は、『捨てたら後悔する」とモノを溜め込む
○片づけ上手な人は、「持ち続けるストレス」を手放す

[解説] 片づけが苦手な人は、「捨てたら後悔するんじゃないか」と未来に対しての恐怖心が強く、一歩が踏み出せません。片づけ上手な人は「不要なモノを持ち続けるストレスを手放したい」と考えます。捨てたあとの後悔よりも、持ち続けるストレスのほうが苦痛なのです。

×本気を出せば、いつでも捨てられる

○今すぐ片づけるから、本気になれる

［解説］「いつか片づける」と言う人は、いつまでも「その本気」を出さずに終わります。本気を出せる人は、すぐに動き始め、片づける人です。行動が先。考えるのは後。1日5分、少しずつでもいいので「まずは行動すること」が重要です。

×どこから片づけるか悩む

○目の前のモノをまず片づける

［解説］モノが多すぎると「どこから片づけていいのか」悩む人がいます。大切なのは「悩むこと」より「行動すること」です。目の前のモノから片づけていきましょう。

×片づけなんて、いつかやればいい

○「未来の自分」を助けられるのは、「今の自分」だけ

[解説] 片づけが苦手な人は、面倒くさがって「未来の自分」に託しがち。片づけ上手な人は「未来の自分」のために、「今の自分」が片づけを頑張る。将来のことを真剣に考えて行動に移すからこそ、結果として未来の自分が楽になるのです。

×片づけたところで、人生なんて変わらない

○モノを捨てると、人生が変わり始める

[解説] モノを溜め込み続けた人が、もし9割のモノを手放せたら、間違いなく人生が変わります。なぜなら生活が一変するからです。時間の使い方も、お金の貯まり方も劇的に変わるでしょう。今までと「逆のこと」に挑戦するからこそ、人生が変わり始めるのです。

5

今すぐ片づけたくなるミニマリスト15の言葉

「これから片づけを頑張りたい！」と意気込んでも、きっとやりたくない日もあるでしょう。片づけにすごい時間と体力を奪われて、嫌になる日もあると思います。そこで、僕からあなたへ、いくつかの言葉を用意しました。**この言葉を聞くだけで今すぐ片づけたくなるような激励のメッセージです。**

あなたが疲れたとき、片づけを諦めそうになったときは、「ミニマリストの考え方」や「ミニマリストの言葉」に触れることで、きっとあなたの背中を押してくれるでしょう。片づけのスピードも上がるかもしれません。そして、ご両親の片づけにも役立つはずです。片づけに困ったときは、このページを開いて何度も読み返してください。

ミニマリストの言葉①▼その人の生き様が、部屋に現れる

僕たちは、何を持つのか、どんな部屋に住むかによって、行動習慣が大きく変わります。お金の使い方や時間の使い方だけではなく、人間関係まで、部屋にはその人の生き様が顕著に出るのです。環境が変われば行動が変わり、行動が変われば習慣が変わります。そして、あなたが成し遂げることも変わっていくのです。

ミニマリストの言葉②▼部屋の乱れは心の乱れ

「部屋の状態」と「心の状態」は密接に連動しています。部屋が乱れれば、心も乱れてしまいます。心が乱れ始めれば、部屋も乱れていくのです。もしもあなたが心を整え、心豊かに生きたければ、部屋を片づけて整えましょう。

ミニマリストの言葉③▼モノの数＝悩みの数

僕たちがモノを買うのは、悩みや問題を解決したいからです。つまり、「モノをよく買う人ほど悩みが多い」ということになります。お金がない、時間がない、あれがない、これがないと、悩みの尽きない人生になっていませんか？

モノが少ないミニマリストは、余計なモノを買いません。今あるモノで十分生活できるからです。悩まないから買わない。悩まないから、自由で豊かな生活になるのです。

ミニマリストの言葉④▼モノを買えば買うほど、お金はなくなる

当たり前のことですが、モノを買った分だけお金は減ります。一般的に、一人暮らしのキレイな部屋には約1000個のモノがあり、モノが多い汚部屋だと2000個以上のモノがあるとされています。仮に1個千円とすると、金額にして百万円以上の差がつくわけです。モノが少ないミニマリストはなぜお金が貯まるのか、説明するまでもありません。「余計なモノは買わない」ことが、最強の節約術になります。

ミニマリストの言葉⑤▼モノの量＝家事の量

モノを増やせば増やすほど、家事の量も多くなります。服が多くなれば洗濯物が増え、食器や調理器具が増えれば洗い物が増えます。モノが増えれば増えるほど部屋は

散らかり、掃除や整理整頓が大変になります。日々のストレスや忙しさ、余裕のなさは、家事の負担が大きく、貴重な時間が奪われているからです。

ミニマリストの言葉⑥▼モノの持ちすぎは人生の重荷

今までの話からもわかるように、モノの持ちすぎは人生の重荷になります。人生は、マラソンや登山と同じです。大量の荷物を抱え込んでいては、前に進むことができません。身軽だからこそ行動力が上がり、目標達成しやすくなったり、いろいろな景色を見に行くことができるのです。

ミニマリストの言葉⑦▼片づけこそ、最初にやるべき先行投資

散らかった汚部屋では、何を始めるにも「あれがない、これがない」と準備に手間取り、時間が削られ、余計な情報も目に入るので集中力も長くは続きません。

その一方で、不要なモノを減らし、日頃から整理整頓を心がければ、準備もパパッと済むし、時間に余裕が生まれ、余計な情報も入ってこないので、集中もしやすくな

ります。つまり、片づけこそ最初にやるべき先行投資なのです。

ミニマリストの言葉⑧▼捨てた余白に、福来たる

モノを減らすことで空間に「余白」が生まれ、家事も楽になり、時間的な「ゆとり」ができるでしょう。そして無駄遣いも減って、金銭的な「余裕」もできるはずです。すると、「あれをしたい」「これを始めよう」と新たな挑戦の気持ちが芽生え、新しいチャンスが入ってくるのです。人生は、「余白」「ゆとり」「余裕」を作ると、そこに福が舞い込んでくるのです。

ミニマリストの言葉⑨▼捨てる苦痛は一瞬。持ち続けるストレスは一生

僕たちは、モノを所有すればするほど、モノに空間や時間、お金、体力、思考が奪われていきます。つまり、大量のモノを抱えたまま生活をすれば、そういったストレスが一生続くのです。でも、多くの人は片づけようとはしません。捨てる苦痛を味わいたくないからです。

一瞬の苦痛さえ乗り越えられれば、持ち続けるストレスから一生解放されます。ミニマリストはその苦痛を乗り越えて、モノのストレスから解放された人たちです。

ミニマリストの言葉⑩▼人生の主役は「モノ」じゃなくて「自分」

モノに溢れて生活している人は、自分の人生を生きれていません。モノにスペースを占領され、モノの管理に時間を奪われ、モノを所有すればするほど家賃や収納、メンテナンスにお金がかかります。探し物も増え、次々に新しいモノを買い、最終的には「モノ中心」の生活になってしまいます。そこに自分の「心からやりたいこと」が入る余裕はありません。

逆に、ミニマリストは「自分のやりたいこと」を中心に、必要なモノだけを取り入れるので、主役はあくまで自分自身。あなたも自分が主役になりたいのなら、「何をしたいか」で必要なモノを選びましょう。

ミニマリストの言葉⑪▼物欲を「10」満たすより、不快を「1」手放せ

モノが多い人は、毎月毎月、物欲を満たすためにお金を使い、欲しいモノが尽きることがありません。欲しいモノを買うためだったら、嫌な仕事も長時間労働も我慢できてしまうのです。

僕は、物欲を「10」満たすくらいなら、不快を「1」手放した方が幸せになれると思っています。僕なら、モノにお金を使うくらいであれば、そのぶん働く時間を減らしたり、やりたくない仕事をやめます。そのほうがストレスも減るし、健康的だし、のんびり暮らせるし、「嫌なことをしなくていい」って超幸せですよ。

ミニマリストの言葉⑫▼1年間使わなかったモノは、9割は一生使わない

1年間、春夏秋冬を通して使わなかったモノは、この先も使うことはありません。1年間出番がなかったモノには、出番がなかった理由が必ずあるからです。

例えば、好みじゃない、体に合わない、ちょっと不便、使いにくい、などです。そ

うしたモノは、今後も使うことはないので手放した方が賢明です。

ミニマリストの言葉⑬▼「モノを大事にする」とは、使うこと

「モノを捨てずに取っておくことが、モノを大事にすること」だと思っていませんか？　結論から言えば、使わないモノを物置や収納に放置している状態は、「大切にしている」とは決して言えません。粗末に扱われているモノたちです。

ミニマリスト的な観点で言えば、全く使ってないのなら「ないのと同じ」です。「使ってないモノ」「役目を果たしたモノ」は手放しましょう。

モノは本来、「使って楽しむ」「見て楽しむ」「触れて楽しむ」「香って楽しむ」「味わって楽しむ」ものです。それがモノを大事にする、ということではないでしょうか？

ミニマリストの言葉⑭▼「家族の幸せ」を願えば、部屋はキレイになる

掃除や片づけは、誰かを想うと頑張れます。「自分のためだけ」に頑張るのは難しいかもしれません。ですが、家族に「快適に過ごしてほしい」「勉強や仕事を頑張ってほしい」「幸せになってほしい」という想いがあれば、自然と掃除や片づけも頑張れるはずです。

ミニマリストの言葉⑮▼手放しても、思い出や絆が消えるわけではない

物理的なモノを手放したとしても、「思い出」や「その人との関係」までなくなるわけではありません。僕はむしろ、経験したこと自体に価値があると思うし、一緒に過ごした人と思い出を共有できたことが、何より大事なことだと思います。そうした大切な思い出は、たとえモノがなくてもずっと心の中に残り続けます。そして、いつでも思い出すことができるのです。

6

モノが減る究極の5つの質問

ここでは、片づけをする際に「いる」「いらない」が見極めやすくなる質問をご紹介します。ミニマリスト的な観点で、どんどんツッコミを入れていく形で問いかけていきます。「手放した方がいいモノ」は、どんどん捨てる方へと追い込まれていきますのでご容赦ください。

これらの質問は、実際に汚部屋の出張片づけのときにも、ご依頼者さんに投げかけてきた質問になるので効果は実証済みです。あなたにとっても、周りの家族にとっても、「いる」「いらない」の基準が明確になると思うので、片づけのときは何度も何度もこれらの質問を投げかけて判断してください。

【質問1】直近1年間で使ってきましたか？

先ほどにも書きましたが、直近1年間、春夏秋冬を通して使わなかったモノはこの先も使うことはありません。なぜなら、今まで使わなくてもこの1年間は生活できたわけですから、「なくてもいいモノ」の可能性が非常に高いのです（もし不安な方は2年間で考えてみましょう）。

その一方で、直近1年間で使ってきたモノなら、なくなると生活に困る可能性が高いので残しましょう。

【質問2】それを今まで使わなかった理由はなんですか？

片づけ中に「いる」か「いらないか」で悩むことが何度もあると思います。そんなときは、「なぜ使ってこなかったのか」「なぜ出番がなかったのか」を考えましょう。出番がなかったのには、必ず理由があります。片づけのときは、その理由と向き合ってみてください。例えば、よく聞くのが「そもそも使う機会がなかった」「使いづらかった」「好みじゃなかった」「自分の体に合わなかった」といった理由があります。

【質問3】もしそれを手放したら、生活に支障が出ますか？

次に考えてほしいのは、「捨てたあとの未来」です。大前提、「捨てたら困るモノ」「捨てたら生活に支障が出るモノ」は絶対に捨ててはいけません。

その一方で、手放しても「この先1年間の生活」に影響が出なさそうなモノなら、捨てても後悔しない可能性が非常に高いです。

思い出のモノであれば、「手放したら心にポッカリ穴が開くかどうか、泣きたくなるくらい悲しいか」で判断してみましょう。

【質問4】それは、今の生活によい影響を与えていますか？

一つひとつのモノには、『よい影響を及ぼすモノ』と「悪い影響を及ぼすモノ」があります。当然ながら、あなたの生活満足度を上げるためには、「悪い影響を及ぼすモノ」は手放した方がよいでしょう。

たとえば、「お金や時間を必要以上に奪ってくるモノ」「手間がかかるモノ」「使うとストレスなモノ」などは、あなたの生活に悪い影響を与えているので、手放しておきましょう。

【質問5】もし余命1年でも、それは残したいモノですか？

あなたの人生がもし残り1年だとしたら、何がしたいですか？　どんなふうに暮らしたいですか？　きっと「やりたいこと」がいくつも出てくるでしょう。そのやりたいことに必要なモノは何でしょうか？　そういったモノを片づけで残し、使いやすいように収納しましょう。

逆に、未来1年間で使う予定がないのなら、「死ぬまでにやりたいこと」の妨げにならないように手放すべきです。そして毎年毎年、1年ごとに持ち物を必要に応じて変えていけばよいのです。

人生、いつ命が尽きるかわかりません。しかも人生は一度きり。後悔しないためにも、「やりたいこと」を思う存分楽しめるような環境づくりをしていきましょう！

Chapter

3

1日目～30日目
まず最優先で
片づけるべきモノ

最初の30日間は、僕が祖母と叔父の生前整理をして実感した、「**心の底から片づけてほしいモノ**」「**これからの生活で増やさないように気をつけてほしいモノ**」をまとめました。本当に、祖母と叔父の生前整理は大変でした。その経験も踏まえて、「**重要度順**」にご紹介していきます。

もし「ちょっとハードルが高いな」と感じたら、できる項目から始めてもいいですし、第4章から始めても構いません。あなた自身がやりやすい順番で片づけましょう！

この第3章の片づけを実践していただければ、万が一あなたが病気をしたり、介護が必要になったとしても、身の回りの家族がサポートしやすい環境が整っているはずです。まだ元気なうちに、体が動くうちに片づけましょう。

第1位

「貴重品」を整理する

生前整理するにせよ、遺品整理をするにせよ、**真っ先にやるべきことは「貴重品」の整理です。重要なモノをひとまとめにして、大切に保管しましょう。**例えば、以下のものが貴重品にあたります。

[例]運転免許証、マイナンバーカード、年金手帳、通帳、印鑑、クレジットカード、鍵(家・車・自転車等)、健康保険証、病院の診察券、お薬手帳、重要書類、スマホ(携帯電話)、貴金属、資産性のあるもの、エンディングノート、ログインパスワードなどが書かれた紙など。

なぜ真っ先に「貴重品」の整理が必要なのかといえば、祖母と叔父の生前整理のときに、**モノが多すぎてすぐに貴重品が見つからなかったからです。**そして、こちらが想像していない場所から出てきたので非常に苦労しました。

遺品整理・生前整理のときは、誤って家族が捨ててしまわないよう、まとめて保管しておきましょう。大事な貴重品がひとまとめになっているだけで、貴重品以外のモノが一気に片づけやすくなります。

さらに、入院や介護が必要になった際も、貴重品がまとめられていることで身内が対応しやすくなります。そして、万が一お亡くなりになった場合、相続の手続きを進める際も負担が減るでしょう。

そして、ぜひあなたにやってほしいのは、**古い貴重品を必ず処分することです。**例えば、使ってない財布や期限切れの免許証・クレジットカード、古い通帳、用済みになった書類、何にも使ってない印鑑・鍵、全く通ってない病院の診察券などです。叔父の生前整理のとき、古い貴重品が山ほど出てきたので、「残すべき重要なモノか、捨ててもいいモノか」を判断するのにかなり苦労しました。

貴重品を片づけるべき理由

- ☑モノが多すぎると、あなたも身内も見つけられない。
- ☑生前整理、遺品整理のときに誤って捨てないように。
- ☑急遽、入院や介護が必要になったときに、身内が対応しやすい。
- ☑相続の手続きの負担が軽減する。
- ☑貴重品がひとまとめになっていると、他のモノが一気に片づけやすくなる。

ということで、僕はいつ死んでもいいように貴重品を1箇所にまとめ、わかりやすい所に保管しているだけではなく、他のモノも必要最少限にしています。つまり、僕に万が一のことがあれば、妻が一瞬で貴重品を見つけることができます。

何より、僕の遺品整理はものの10分あれば終わるでしょう。洋服が10着、仕事道具が5点、リュックサック1点、靴1点、傘1点、寝具1点、貴重品（通帳、印鑑、カード類、重要書類等）くらいしかないので、遺品整理は一瞬で終わります。

そして僕は、「エンディングノート」ならぬ「エンディングペーパー」を作成し、僕がこの世を去ったときのために、銀行口座・証券口座のパスワードといった重要情報を、「1枚の紙」にまとめて保管してあります（このあとに実例を記載しました）。

僕は普段から「より少ない暮らし」なので、記入事項が非常に少なくシンプルに済みました。でも、**モノが多い人だと全てを把握・管理するのも大変だし、それを相続・遺品整理する家族はもっと大変になります。重要情報の管理も、少ないに限ります。**あなたもこれを機に、エンディングノートを作ってみてください。きっと、あまりの大変さにモノを減らしたくなるはずです。

僕のシンプルなエンディングペーパー

☑ 連絡先：万が一のときに連絡してほしい、妻、母親、
親友の連絡先。

☑ 財産：僕が所有する財産の情報を明記。
借金・ローンはなし。

例 〇〇銀行：暗証番号、ログインパスワード
〇〇証券：ログインID、ログインパスワード

☑ 決済方法：普段決済で使っているクレジットカードを明記。

例 〇〇クレジットカード（年会費△△）：
▲▲銀行で引き落とし。

☑ 生活費の引き落とし銀行：家賃、光熱費、通信費など。

例 家賃・ガス・水道：（書類は貴重品ボックス）▲▲銀行
スマホ（〇〇モバイル）：▲▲銀行
Wi-Fi（〇〇光）：▲▲銀行

☑ スマホ：スマホ内の重要情報を明記。重要データなし。
初期化して売却を。

例 スマホの暗証番号：〇〇〇〇（iPadも同じ）
設定画面→サブスクリプション→サブスク解約

☑ 保険：加入している保険会社を明記。

例 火災保険・自動車保険：〇〇会社、証券番号、連絡先

☑ 仕事：仕事の報酬が振り込まれる銀行口座を明記。

例 書籍印税：〇〇株式会社、△△銀行に振り込まれる。
ユーチューブ：ID、パスワード、広告収益は〇〇銀行

第2位

「書類・紙類」を整理する

次に片づけるべきモノは「紙類」です。もっと具体的にいうと、書類や貼り紙、メモ帳、裏紙、手帳、日記、手紙などです。

なぜ「紙類」の片づけが必要なのかといえば、何百枚、何千枚とある紙類の中から、「重要な紙」だけを捨てないように片づけることが非常に大変だったからです。

叔父の生前整理でも、家中の紙類をかき集めて、1枚1枚慎重に確認し、「IDやパスワードが書かれた重要な紙」を見つけ出すのが本当に心折れる作業でした。その上、家中にあった紙類の99%をゴミとして処分。量は多いし、重いし、かなり過酷な作業でした。

あなたもこれを機に、紙類の片づけを一気にやりましょう。重要な書類だけ残し、不要な紙は全部捨てるのです。**手放しポイントとしては、「用済みになった書類」「保管期限・使用期限の過ぎている書類」「なくても生活に困らない紙類」「古い情報が書かれた紙類」を手放しましょう。**逆に、残すべき紙類は、「保管義務のある紙類」「ないと今の生活に困る紙類」となります。

また、個人的なオススメですが、**張り紙やメモ用紙、裏紙は、部屋をスッキリさせるためにも、家族に苦労させないためにも、全部捨てましょう。**叔父はなんでもメモ帳や裏紙に書いていたので、それらが生前整理のときに山のように出てきて、1枚1枚確認する作業が本当に大変でした。

そして、手帳はせめて昨年のものだけ保管し、2年以上前のものは使わないと思うので処分しましょう。日記帳に関しても、1年分だけ残して、それ以上古い物は処分してください。おそらく読み返すことはないですし、生前整理・遺品整理のときの確認作業の負担が増えてしまいます。手紙に関しては、定期的に読み返したいような

「大切な手紙」のみ残すようにしてください。逆に、疎遠になった人からの手紙や年賀状は手放しましょう。

僕の場合、張り紙やメモ帳、裏紙は一切ありません。今日の予定、勉強の記録、簡単なメモ、日記、アイディアなど、**全てノート1冊にまとめて書くようにしています。**その名も「人生ノート」。このノートも、書き終わって次のノートに大事なことだけ書き写したら、古いノートは処分しています。そして手帳に関しては、グーグルカレンダーでスケジュール管理しているので不要となりました。

手紙に関しても、僕は一切持っていません。よっぽど自分の子どもからもらった大事な手紙じゃない限り、読んだら手放すようにしています。薄情に思われるかもしれませんが、**内容をしっかり受け取ったら「手紙」としての役目は果たしたからです。**送り主も「ずっと死ぬまで残しておいてほしい」なんて思っていません。「今の気持ち」を、ただ相手に受け取ってほしいだけなのです。それが「手紙」としての役目です。

そんなふうに、**僕は不必要に紙類を残しません。これは自分のためでもあり、家族のためにもなるからです。**

もし、あなたがこれから書類の片づけをする場合、最初は「**半分減らす**」ことを目指して片づけてみましょう。**判断が難しいものは後回しにして、簡単に処分できるものから手放してみてください。**そして、最終的には「収納ボックス1箱分」にまとまることが理想です。

僕の場合、保管義務のある確定申告の書類を除けば、他の重要書類は「クリアファイル1枚分」で収まります。そして先ほど紹介した「貴重品」と合わせても、収納ボックスの1／3くらいの容量で収まっています。つまり、僕に万が一のことがあれば、その収納ボックスを見ればそこに全てがあるのです。

書類・紙類を片づけるべき理由

☑書類・紙類の片づけは想像を絶するほど大変。
☑重要情報の管理をしやすくする。
☑不必要に紙類を増やさないことが、家族のためにもなる。

第3位

「データ類」を整理する

次にやるべきことは「データ類の整理」です。例えば、スマホやパソコンの中、メモリーカード、USB、フロッピーディスクなどに重要なデータは入ってないでしょうか？

なぜデータ類の整理が必要なのかといえば、所有者本人が亡くなったあと、データ量が多すぎると家族が遺品整理で困ってしまうからです。叔父の生前整理のときも、スマホやパソコンが何台も出てきましたし、USBは何十個も出てきました。**一つひとつ中身を確認しながら重要なデータを見つけるのはとても大変な作業です。**

だから、**若くて元気なうちに、データの整理をしておきましょう。**普段から、不要なデータは適宜削除しておくのがオススメです。そして、できる限りデータを1つにまとめて、USBやメモリーカードの数を減らしておくのです。そうすれば、本人もデータを管理しやすくなるし、家族も生前整理・遺品整理しやすくなります。

僕も普段から、不要になった写真や動画は削除するようにしています。子どもの成長や家族との思い出の写真は、数を厳選して「LINEのアルバム」で妻と共有しているので、現物は削除しても問題ありません。そうすることで、スマホの中も非常にスッキリしています。

メールボックスに関しても、用済みになったメールは削除しています。仕事のメールが来たら「何をしなければいけないのか」「何が未完了なのか」が一目瞭然になるので見落としも減るし、仕事もスムーズにこなせるようになりました。そして、タスクが完了した仕事があれば、それに関する仕事メールも全部削除します。**余計な情報もデータも残さないのがミニマリスト流です。**それで困ったことは一度もありません。

そして、「エンディングペーパー」のところにも記載しましたが、僕は家族向けに

「スマホ、iPadの中には重要データはない」と伝えてあります。パスワードも記載しているので、僕が亡くなった場合、サブスクだけ解約してもらえれば、すぐに初期化して売ることができます。これで遺された家族も安心ですよね。

遺された家族には、僕が亡くなったあとも本人の人生を前向きに生きてほしいからこそ、しっかりとデータ管理もしています。

データ整理をするべき理由

- ☑データを整理しないと、いざというときに本人も身内も困る。
- ☑不要なデータを適宜削除することで、生活が快適になる。

第4位

「ニオイの原因になるモノ」を撲滅する

祖母は比較的キレイ好きだったようで、部屋は「モノが多い」ことと「ホコリっぽい」だけで済みましたが、叔父の部屋は酷い状態でした。**モノが多いだけではなく、カビやホコリがすごく、さらにはニオイが強烈だったのです。**とくに母は、叔父の家に長時間いることが耐えられなかったようです。片づけが難しいくらい酷い状態でした。

そして、祖母と叔父の生前整理で共通して大変だったのは、「**腐った食べ物の処理**」です。これは主に母がやってくれたのですが、非常にしんどかったようです。

食べ物に関しては本人の生活もあるので、仕方のないことかもしれません。ですが、**「食べ物の溜め込み過ぎ」には注意が必要です。**祖母も叔父も、賞味期限切れの食材が山ほど出てきました。それが結果的に食べ物を腐らせ、身内が辛い思いをしながら処分するのです。

そしてもうひとつ、叔父の生前整理で過酷だったのが**「布類の処分」**です。具体的にいうと、洋服やクッション、マット、絨毯、寝具類、タオルなどです。**布はニオイを吸収するだけでなく、ホコリを吸い、さらには長年放置されているものに関しては大量のカビが生えていたので、とてもキツイ処分作業でした。**

このように、モノや食材を放置すると部屋全体が汚く、臭くなってしまいます。ですので、**快適な部屋で人生を満喫するためにも、身内が生前整理・遺品整理しやすくするためにも、ニオイの原因になるものを見直す必要があります。**部屋を見直す際は、次のものを中心に見直してみてください。

［例］ニオイの原因になりうるもの
食べ物系：食材、飲みかけペットボトル、食べかけのもの、生ごみなど
布系：洋服、クッション、座布団、マット類、寝具、タオル、くつ、ぬいぐるみなど
掃除系：汚れたスポンジ、長年使ってるトイレブラシなど

もちろん日常的に使っているものは、これからも大事に使っていきましょう。ただ、**だいぶ古くなって汚れてきたり、カビが生えていたり、賞味期限が切れている食材や1年以上使ってないモノは、潔く手放すことをオススメします。**

我が家も、食べ物は必要に応じて買いに行くので、賞味期限が過ぎて腐らせることはありません。キッチン収納や冷蔵庫の中は、5割収納で保っています。布類に関しても、クッション、座布団、絨毯、マット類は一切持っていません。寝具は家族人数分のみで、タオルは「キッチン用」「トイレ用」「お風呂用」の合計10枚だけ持ってい

ます。洋服については、僕は年間10着、妻は約30着、1歳の子どもも10着しか持っていません。それでも十分生活はできるのです。

ニオイの原因になるものを片づけるべき理由

- ☑ 食べ物・布類・掃除道具は、放置すると部屋が臭くなる。
- ☑ 衛生面・生活環境が悪いと、生活満足度が下がる。
- ☑ 部屋が臭いと、片づけで体調不良になることも。

第5位

「医療・健康・衛生関係のモノ」を整理する

続いて見直してほしいアイテムは「**医療・健康・衛生関係のモノ**」です。具体的には、健康保険証、薬、お薬手帳、病院の診察券、リハビリ器具、健康器具、爪切りや耳かき、綿棒、メガネやコンタクトレンズ、サプリなどです。

叔父はパーキンソン病という難病を患い、自宅で介護を受けたのちに今現在は病院で入院中です。生前整理のときは、部屋のあらゆる場所から大量の薬が出てきただけではなく、各部屋からサポーターやリハビリ器具、衛生用品が山ほど出てきました。

さらに、叔父の部屋からは「そりゃ体調も悪くなるよ！」とツッコミを入れるくらい大量のインスタント食品が出てきて、自炊はまったくしていなかったようです。叔父は「不衛生な環境」で、「不摂生な生活」をずっと続けていました。叔父はますます体調を崩していき、モノの管理ができなくなって部屋が汚くなってしまったのだと思います。もう仕方のないことですが、**本人がまだ元気なうちに片づけておくか、僕や母が片づけを手伝えていたら、身内や介護ヘルパーのサポートも受けやすかった思います。そして本人が、多少なりとも健康に気を遣って暮らしていれば、もう少し健康でいられる時間を長くできたと思うのです。**

つまり、僕が一番何を伝えたいのかというと、「**健康は何よりの財産**」だということと、「**自分が健康でいるために何ができるか**」**をよく考えて、持ち物を見極める必要がある**ということです。

その第一歩としてやるべきことは、**今の生活に必要な「医療関係のモノ」と「健康グッズ」「衛生用品」を明確にすることです。**「今使っているモノ」だけをまとめておきましょう。健康保険証やお薬手帳はもちろん、今飲んでいる薬、衛生用品、健康器具、リハビリグッズ等をまとめておくと、本人も家族も安心だと思います。

逆に手放すべきモノは、**「健康を害する可能性があるモノ」「衛生的でないモノ」「古い医療関係のモノ」「使ってない健康アイテム」**です。

例えば、**「健康を害する可能性があるモノ」**としては、賞味期限切れの食材、タバコや大量のお酒、インスタント食品、大量のお菓子などです。このあたりは、「余計なお世話だ！」という声も聞こえてきそうですが、まさにその通り。本人がそれでいいのなら僕は止めません。

ですが、僕は祖母や叔父の生前整理を通じて、さらには僕の身近な人が癌で余命2年を宣告されたこともあり、**「健康でいることの価値」**に気づきました。

余命2年と宣告された人は、何とか家族や友達と会うために、頑張って治療を続けていました。本人はずっと「頑張りたい」「会いたい」「生きたい」と言っていて、家族や友達に会うことが「生きがい」になっていたのです。

僕もたまにはお菓子お食べたり、お酒を飲んだり、インスタントラーメンも食べたりしますが、家に溜め込むことはしません。人生を楽しみながら、健康には気を遣っていたいものです。

もしあなたも「健康」を望むのなら、いつまでも元気でいたいのなら、これを機に真剣に暮らしを変えていきましょう。**「健康でいるための部屋作り」**をするのです。

次に、**「衛生的でないモノ」**については、汚いモノ、埃をかぶっているモノ、カビが生えているモノ、腐っているモノなどが当てはまります。これらは全部手放しましょう。

そして、**「古い医療関係のモノ」**は、使用期限の切れた薬、昔のお薬手帳、全く通ってない病院の診察券、数年前の医療明細書などです。これらは役目を果たしたモノなので手放しておきましょう。

最後に、**「使っていない健康アイテム」**ですが、1年以上使ってない健康器具や、まったく飲んでないサプリ、美味しくないプロテイン、何個もあるサポーターは、この先も使うことはありません。残念ながら、活躍できなかったモノたちですので、手放しましょう。

このように、身の回りの「医療・健康・衛生関係のモノ」を整理して、あなたの健康をサポートしてくれるモノが明確になれば、**きっと健康寿命は長くなるでしょう。**そして、もし体調を崩したときは、本人や家族、介護ヘルパーさんも対処しやすくなるはずです。

医療・健康・衛生関係のモノを片づけるべき理由

- ☑ 健康は何よりの財産。
- ☑ 本人の「健康意識」が高まる。
- ☑ 健康を害するモノを手放せば、健康的な生活が送れるようになる。
- ☑ いざ体調を崩したときに、自分も家族も対処しやすい。

第6位

「収納」は持つべきでない

次に片づけるべきアイテムは**「収納」**です。具体的には、収納カゴや収納棚、収納ボックス、ダンボール、空き箱、缶ケース、ファイル類など、「モノを収納するためのモノ」です。あなたの家や実家にたくさん所有してないでしょうか？

次々に新しいモノを買い、収納が足りなくなってくると大きい収納を買うようになります。そして空いた余白に、次々モノを入れていく。また収納が足りなくなったら新たな収納を買ってきて……その繰り返し。モノの数に比例して、収納も増えていきます。つまり、**「収納」こそ、モノが増える元凶なのです。**

多くの人は「収納力」や「収納術」を求めがちですが、ミニマリスト的に言わせれば、一時しのぎに過ぎません。時間が経てばまたモノが増え、収納が足りなくなり、新たな収納を買い足して、またモノが増えて……の繰り返し。いくら収納があっても足りないし、いくら収納代にお金を払ってもキリがない。

叔父の家からも、大量の収納が出てきました。細かいモノまで入れると、収納だけで300個以上はありました。その結果、生前整理が大変だったことは言うまでもありませんが、現金や重要な書類、USB、鍵（スペア）といった「貴重品」がいろんなところから出てきたのです。さらに、あらゆる収納から、イヤホンやモバイルバッテリー、ポケットWi-Fi、普段使うような日用品などが何個も出てきました。

おそらく収納が増えた結果、どこに何を収納したのかわからなくなり、何回も失くして同じモノが増えてしまったのだと思います。

結局、「収納力」や「収納術」を求めたところで、モノは収まるかもしれませんが、「貴重品」や「生活必需品」を頻繁に失くし、探し物に時間を奪われ、お金も失ってしまえば本末転倒です。

だからこそ、**我々は「収納力」や「収納術」に頼るのではなく、「モノを過剰に持ち過ぎている」という根本の原因を解決しなければいけないのです。**

収納を減らすためのコツは、増え過ぎたモノを減らすのみです。第2章でも説明しましたが、収納の中身を全部出し、「1軍：よく使うモノ」「2軍：たまに使うモノ」「3軍：ほとんど使わないモノ」で分類し、1軍と2軍のモノだけ収納に戻しましょう。3軍のモノはその場で手放すか、保留ボックスに移動させて一定期間様子を見て、「この先も使わない」「なくても大丈夫そう」と判断できたら手放しましょう。

そんなふうに片づけていけば、かなりの数のモノが減り、収納も激減するはずです。かつての大きな収納も必要なくなるでしょう。そうやってどんどん収納の数を減らしていき、収納の容量も小さくしていくのです。最終的には、家に備え付けの収納だけで事足りるようになります。

それだけモノも収納も減れば、貴重品や生活必需品がなくなることはありませんし、間違いなく快適な暮らしが待っています。きっと家族も喜んでくれるでしょう。

収納を片づけるべき理由

- ☑収納がモノを増やす元凶になる。
- ☑収納を増やすほど、お金と時間の無駄も増える。
- ☑収納が多いと、貴重品や生活必需品を失くしやすい。
- ☑モノも収納も減ることで、居心地のよい部屋になる。

第7位

「電子機器・コード類」を減らす

次の片づけの難関は「電子機器・コード類」です。例えば、ディスプレイ、TV、PC、マウス、キーボード、イヤホン、タブレット、スマホ、ゲーム機、モバイルバッテリー、固定電話、充電器、充電ケーブル、延長コードなどです。

叔父の家からは、これらのモノが山ほど出てきました。ディスプレイも同じ部屋に4台あったり、スマホやパソコンも5台以上出てきたり、マウスやイヤホン、モバイルバッテリーに関してはそれぞれ10個以上ありました。

生前整理のときに大変だったのは、絡まり合ったケーブルの中から、売りたいモノだけ救出しなければいけないことです。埃も汚れも酷いし、「使ってないなら、早く売って現金化すればいいのに……」と思いながら、なかなか絡み合ったケーブルが解けずにストレスが溜まり、すごく苦戦しました。結局、売りたいモノのケーブルのみ救出して、ほかの絡まったケーブルたちは全部ハサミで切って処分しました。

我が家のコンセント周りには、スマホとｉＰａｄ用の充電ケーブルが2本、Ｗｉ－Ｆｉ、冷蔵庫、電子レンジ、電気ケトル、炊飯器、ホットクック（自動調理家電）、妻の電子ピアノしかありません。普段から使っている1軍のモノたちです。コンセント周りがスッキリしているのでホコリや汚れが溜まりにくく、掃除もしやすいし、子どもにとっても安全で、何より絡まるストレスがありません。

電子機器・コード類の片づけで大事なのは、**3軍の「ほとんど使わないモノ」から手放していく**ということです。同じモノが何個もあったり、1年以上使ってないモノがあれば、そうしたモノから手放していきましょう。必要以上に増えてしまった延長コードの数も減らせるでしょう。そして、**2軍の「たまに使うモノ」は、コンセントから抜いて、別の場所に保管しておきましょう。**使うときだけ収納から出して、使い終わったらまた戻して保管すれば、コンセント周りのゴチャつきもなくなり、普段の掃除がしやすくなるはずです。

最後に、**1軍の「よく使うモノ」は、コンセント近くに設置しておけば使い勝手がよくなります。**さらに、リビングや寝室で使うケーブル類は「ケーブル隠しボックス」を利用すれば、部屋の見た目もスッキリしますし、何よりホコリが被らなくなります。

電子機器・コード類を片づけるべき理由

- ☑コンセント周りが混雑してると、埃も汚れも見た目もよくない。
- ☑ケーブルの絡まりを解くのが超ストレス。
- ☑使ってないなら、早いうちに売って現金化した方がいい。
- ☑コンセント周りがスッキリすれば、掃除しやすくなる。
- ☑電子機器の使い勝手がよくなる。

第8位

「壁に刺すモノ・掛けるモノ」をゼロにする

モノを多く所有している人は、壁にもいろんなモノが掛かっています。例えば、洋服やカバン、帽子が掛かっていたり、掛け時計やカレンダー、ポスター、飾り物などです。そして高齢の方であれば、壁に大量の画鋲やフック、釘が刺さっていないでしょうか？

何でもかんでも壁に掛ける習慣ができてしまうと、取り外すのが面倒くさくなり、汚部屋化してしまいます。賃貸の場合、退去する際に原状回復のための費用もかかることになります。

まだ「子どもの作品」とか「大好きな絵画」を壁に掛けるならわかります。でも、**収納から溢れたモノを壁に掛けるのはよくありません。普段は全く使ってない3軍のモノを溜め込み過ぎているから、そういう現象が起きてしまうのです。**

祖母と叔父の家にも、大量の画鋲やフック、釘が刺さっていて、そこにはいろんなモノが掛かっていました。とくに叔父の部屋はすごかったです。おそらく家全体で200〜300個くらい、画鋲・フック・釘が刺さっていて、そこには服やカバン、介護用のオムツボックス、飾り物、カレンダー、日用雑貨など、あらゆるモノが壁に掛かっていたのです（詳細はP223叔父の生前整理動画をご覧ください）。

僕が叔父の生前整理するときは、掛かっていたモノだけ外し、画鋲・フック・釘を引っこ抜く作業は断念して業者に依頼し、大量の不用品と共に回収をお願いすることにしました。

結論、ここで伝えたいことは、**「壁に刺すモノ」「壁に掛けるモノ」は一旦、ゼロに**

しましょう。そして、改めて本当に必要なモノだけを壁に掛けるのです。

「全部取り外す必要あるの？」と思うかもしれませんが、**壁一面を一旦リセットすることによって、「何もない美しさ」を肌で感じることができます。**このよさを実感できないと、「壁に掛けるモノを減らそう！」「本当に壁に掛ける必要があるモノは何だろう？」とはなりません。

それでは今から、壁に掛かっているモノをすべて取り外してください。そして、普段使っている洋服やカバンなどは、本来あるべき場所（クローゼット）に、日用品はそれぞれよく使う場所の収納に戻すのです。そして、1年以上使ってない3軍のモノや、埃を被った古い飾り物などは処分しましょう。

さて、まっさらになった壁に、あなたは何を掛けたいですか？　何を戻したいと思いますか？

我が家は、現時点では何も飾っていません。壁に掛ける必要性のあるモノが何もないからです。ですが将来、子どもが絵を描くようになったら、壁に飾るかもしれません。

「子どもの作品」や「絵画」を飾る場合、各部屋ごとに1点までにしましょう。例えばリビングに絵画を1点飾り、寝室に子どもの作品を1点飾る、といった感じです。そうすれば、**心を豊かにしてくれる作品が、それぞれの空間で輝き始めるはずです。**

「掛け時計」や「カレンダー」に関しては好みの問題かもしれませんが、僕は60歳を超えても壁には掛けないと思います。スマホ1つで十分だと思うからです。

ただ、必要に応じて「掛け時計」や「カレンダー」を掛けるのはアリだとは思います。**高齢になると視力が落ちたり、記憶力が落ちたりしてくると思うので、リビングに「掛け時計」を1つ設置し、大事な予定を書き込める「カレンダー」を追加するのもいいでしょう。**ただし、注意しなければいけないのは、家中のいろんなところにカレンダーを飾ったり、掛け時計を設置するのはやめましょう。全てのカレンダーを毎月めくるのが大変になりますし、掛け時計の電池を交換するのも大変になるからです。

年齢に応じて必要なモノだけ持ち、余計なモノは増やさないのが最大のポイントです。本当に必要なモノだけを壁に掛けるからこそ、部屋はスッキリするし、埃を被るモノがなくなるので掃除も楽になります。

壁に刺すモノ・掛けるモノを片づけるべき理由

☑ 壁に何でも掛ける習慣は、汚部屋化の原因になる。
☑ 壁のモノを全部取り除くと、「何もない美しさ」を実感できる。
☑ 埃を被るモノが減れば、掃除が楽になる。
☑ 本当に壁に掛ける必要があるモノは、実は少ない。

第9位

「本・雑誌」を厳選する

本や雑誌は、今の生活を楽しむために、必要な娯楽として残してある人もきっと多いでしょう。読書は、死ぬまでずっと続けられる趣味です。

ですが、**今持っている本は、本当に1年後も読むのでしょうか？　おそらく、9割近くの本は読み返されることなく、いずれ処分される本です。**

なぜなら、1年間で読める本には限りがあるし、新しい本も次々に出てきます。家の中に本が300冊、400冊と増えていけば、いつかは1日1冊読めたとしても、読み切れない本が必ず出てきます。しかも、古い情報が書かれた本や雑誌は、絶対に読むことはありません。

あなたの本棚には、1年以内に読んだ本が、どれだけあるでしょうか？　その中で、2周目、3周目と読んだ本が、どれだけありますか？　きっと少ないはずです。

叔父の生前整理でも、大量の本が出てきました。主に趣味関係の本が多かったですね。もちろん、趣味娯楽として何冊か残しておくのはいいのですが、**「読まなくなった本」「情報が古くなった本」「今後読むことがない本」は手放しておくべきです。**そうでないと、いざ大量の本を処分するとなったとき、ホコリや汚れもひどいし、本自体が重くて、家と資源ゴミ回収ステーションを何回も往復するのは、かなりの重労働になります。

僕は現在、1冊も本を持っていません。理由は次の9つです。

- ・そもそも大量の本が家にあると邪魔になる。
- ・本棚を1カ月に1回掃除したとき、汚れと埃が酷かった。
- ・たくさん本があっても読み返さなかった。

・情報が古くなった本は絶対に読まない。
・人生のバイブル本も、何回も読み込んで実践したので必要なくなった。
・大好きな人が書いた本も、何回も読んで実践したので不要になった。
・また読みたくなったら新たに買えばいい。
・電子書籍や図書館でも本が読める。
・新しく買った本1冊と、真剣に向き合いたい。

結局僕たちは、いつでも読める本はいつまでも読まないし、新しい本に夢中になると思うのです。**本を残せば残すほど埃や汚れも酷くなるし、むしろ家に本がない方が、「実践・行動」に集中できるような気がします。**

僕は多くて1冊の本しか持ちません。1冊読み終わったら、次の新しい本を買うか、実践するしかありません。僕の場合、実践する時間を必ず設けるようにしています。当たり前ですが、**人生は行動することでしか変わらないからです。読書の後は、学んだことをどれだけ実践・行動できるかが重要です。**

もしこれが、何百冊も本を持っていたらどうでしょうか。Aという本を読み終わったら、直ちにBの本を読みたくなりませんか？　つまり、インプットだけが極端に多く、アプトプット（実践行動）が少なくなってしまうのです。

僕にとって読書は、「読書による学び」と「実践による学び」が大事だと考えています。あなたも本を読み終わったら、「何が学びになったのか」と「今から何を実践するか」を考えてみてください。そうやって、自分の暮らしを次々にアップデートさせていくのです。

本や雑誌を片づけるべき理由

- ☑結局、いつでも読める本はいつまでも読まない。
- ☑本が大量にあると、掃除や片づけが重労働になる。
- ☑本が少ない方が、1冊1冊と向き合える上、行動実践に時間を割きやすい。
- ☑本や雑誌は、読む本だけ残す。
- ☑またいつか読みたいと思った本は、そのときにまた買えばいい。

第10位

「体が動くうち」にやるべき片づけ

今、あなたやご両親は、こんなふうに悩んでいませんか？

・膝や腰、肩が痛い
・腕が上がらない
・視力が落ちてきた
・重いモノが持てない
・物忘れが増えた
・つまずきやすくなった
・片づける気力・体力がなくなった

第1章でも述べましたが、早い人だと60代ごろから、遅くても70代を迎えると、体力や筋力が落ちてきて、若い頃のように体が動かなくなってきます。

だからこそ、**体がまだ元気なうちに、早く片づけを始めるべきです。モノが少ない暮らしになることで、体にも優しい生活になるからです。**例えば、次のようなメリットがあります。

・モノにつまずかなくなる
・しゃがむ動作が少なくなる
・無理をして物を持ち上げることがなくなる
・足腰に負担をかけなくなる
・埃や汚れが溜まりにくく衛生的な部屋で暮らせる
・家事が楽になる
・モノの管理ができるので、無駄遣いが減って財布にも優しい
・探し物、失くし物、物忘れによるイライラ・ストレスがなくなる

ぜひあなたにも、あなたのご両親にも、「体が動くうちにやるべき片づけ」を実践してほしいと思います。体の不調に応じて、できることから片づけを始めましょう。そうすれば、10年後、20年後に、苦労しながら生活せずに済みます。

①足腰が痛い人▼つまずき、転倒を防止する片づけ

足腰が痛い人は、モノを床に置くことをやめましょう。なぜなら、床にモノを置くことで、しゃがむ動作や持ち上げる動作が増える上に、つまずきや転倒の原因になるからです。

床の上にモノが多い人は、「床にモノを置かない片づけ」を実践しましょう。床には最低限の家具家電だけあれば、開放的かつ歩きやすい部屋なるはずです。

［例］
・玄関に出しっぱなしの靴を減らす
・スリッパの数を減らす

・床に置きっぱなしの不用品を手放す
・使ってない延長コード、電源コードを処分する

②足腰が弱くなった人▼足腰の負担を減らす片づけ

足腰が弱くなった人は、しゃがむ動作が難しくなったり、歩くスピードも遅くなっていきます。そんな方は、「足腰の負担を減らす片づけ」を実践しましょう。

[例]
・収納棚の一番下にはモノを入れない（しゃがむ頻度を減らす）
・座布団や低いテーブルは手放す（床に座る生活を手放す）
・未使用の家具家電があるなら元気なうちに手放す
・数が増えると重くなる書類や本、雑誌も手放す
・着ていて疲れる服も処分する

③腕が上がらなくなった人▼高い位置にモノを置かない片づけ

肩関節の可動域が狭まると、高い位置に収納されたモノが取れなくなります。そんな方は、「高い位置にモノを置かない片づけ」を実践しましょう。

[例]
・手の届かない場所に収納された不用品を全部手放して空っぽにする
・背の高い収納棚を手放す
・よく使うモノは腰回りの高さ、目線の高さに収納する
・重いカバン・バッグは手放す（体の負担になる）
・大きくて重い鍋・フライパンは手放す（体の負担になる）
・重い食器を手放す（落として怪我を防ぐために）
・動きにくい服、重い服も手放す（体が疲れやすい）

④物忘れが増えてきた人▼モノを管理するための片づけ

物忘れが増えてくると、同じモノを何個も買ってしまい、余計にモノの管理が難し

くなり、探し物や失くし物が多くなります。そんな方は、「モノを管理するための片づけ」を実践しましょう。モノが少なくなれば、モノの管理がしやすくなるはずです。

［例］
・古いカレンダーは処分する
・ハサミやペンなどの文房具は、数を厳選して持つ
・メガネはよく使う場所に置いておく
・爪切りや耳かきなどの衛生用品は、数を厳選してまとめて収納する
・貴重品もひとまとめにして収納しておく
・賞味期限切れの食材を処分することで、在庫管理しやすくなる
・使用期限切れの薬や書類を捨てる
・食器・カトラリーは、家族人数分に厳選する
・収納の中に1年以上使ってないモノがあるなら処分する
・「あれどこ行った？」で増えたモノは1個に厳選する

⑤視力が低下してきた人▼目が悪くても暮らしやすい家にする片づけ

視力が低下してきた人は、視界がぼやけたり、細かい文字が見えなくなったりするので、あらかじめ対処しておきましょう。不要なモノを手放せば、よく使うモノが目立つようになるので、何がどこにあるのか把握しやすくなるはずです。

[例]
・読まなくなった本を処分する
・賞味期限が切れた食材を処分する
・読むことがない取扱説明書・年賀状・手紙・書類・手帳を手放す
・使わなくなった趣味アイテムを手放す
(例：スポーツ、編み物、絵、書道など)
・1年以上使ってないモノを手放す

⑥体力が落ちてきた人→動けなくなる前にやるべき片づけ

体力が落ちてくると、大きいモノや重いモノの処分ができなくなります。何度も言いますが、若いうちに、元気なうちに片づけておきましょう。

［例］
・全く使ってない家具家電があれば処分する
・自動車や自転車に乗らなくなったら手放す
・体の衰えと共に使わなくなったモノを手放す

体が動くうちにやるべき片づけの重要ポイント

☑床にモノを置かないようにする。
☑大きくて重いモノは極力手放す。
☑手の届かない位置にモノを収納しない。
☑体の衰えと共に使わなくなったモノを手放す。
☑1年以上使ってない「3軍のモノ」を手放す。

Chapter

4

31日目〜60日目
家が丸ごと
スッキリする片づけ

1

なりたい自分を作り上げる「クローゼット」

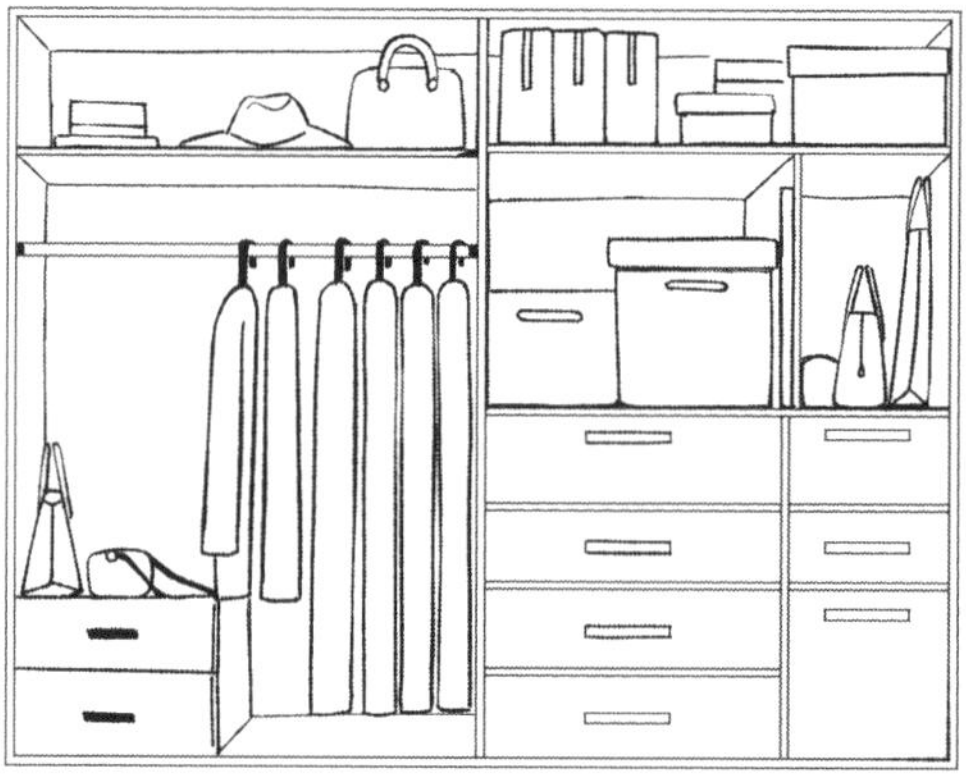

クローゼットの役目

・なりたい自分を作り上げる場所
・1日が始まる朝の準備空間

片づけ対象アイテム

[例] 洋服、ハンガー、帽子、下着、靴下、ハンカチ、マフラー、手袋、スーツ、ネクタイ、ベルト、ドレス、コート、運動着、カバン、浴衣など。

片づけポイント

①残すべきモノ

クローゼットの中を全出しして空っぽにした後に、「1軍：よく使うモノ」と「2軍：たまに使うモノ」だけに厳選しましょう。**1年以内に使ったモノだけに厳選すれば、かなりクローゼットはスッキリするはずです。**

②手放すべきモノ

次に当てはまるモノは、できるだけ手放しましょう。**これらは「使っていてストレスになるモノ」なので、あなたの生活満足度を下げてしまいますし、おそらくこの先も使わない可能性が高いです。**

[例]・1年以上使ってない・数が多すぎるモノ・サイズが合わない・自分に似合わない・使っていると疲れる・好みじゃない・使い勝手が悪い・人に見られると恥ずかしい・ボロボロで汚れている

③カバンの中身について

カバンの中身を全部出して、1軍と2軍のモノだけ戻しましょう。確実に使う物だけになれば、カバンはどんどん軽くなります。

④「残す」か「手放す」か迷ったときは…

・保留ボックスに一定期間保管して様子を見る
・1日中それを使ってみて判断してみる
・「なりたい自分」に相応しいかで判断してみる

僕の超身軽なクローゼット
・年間10着の服（夏服5着、春秋服2着、冬服3着）
・ハンガーも洋服の数と同じ10本だけ
・リュックサックが1つ（どのTPOにも対応：普段は手ぶらで外出）
・銀の盾（ユーチューブ10万人突破の功績：僕にとっての誇り）

クローゼットをスッキリさせるメリット

・毎日のコーディネートが楽。面倒臭くない
・自分のこだわり抜いた服を毎日着るから気分が上がる
・荷物が少ないから身支度も早い。探し物もなし
・常に身軽な服装だから疲れにくく、フットワークが軽い

・僕からのメッセージ

クローゼットは、1日が始まる「朝の準備空間」であり、「なりたい自分」を作り上げる場所です。**毎日を最高の1日にするためには、朝の身支度が肝心になります。余計な思考も体力も奪われてはいけません。**だからこそ、毎朝の身支度をスムーズに気分よく行えるように、クローゼットの中をスッキリさせましょう。

クローゼットには、「大事な1日を共にする相棒」が入っています。そこに3軍のモノは必要ありません。心から好きなモノ、快適に使えるモノだけ残しましょう。

2

いつもキレイな自分でありたい
「洗面所・お風呂場」

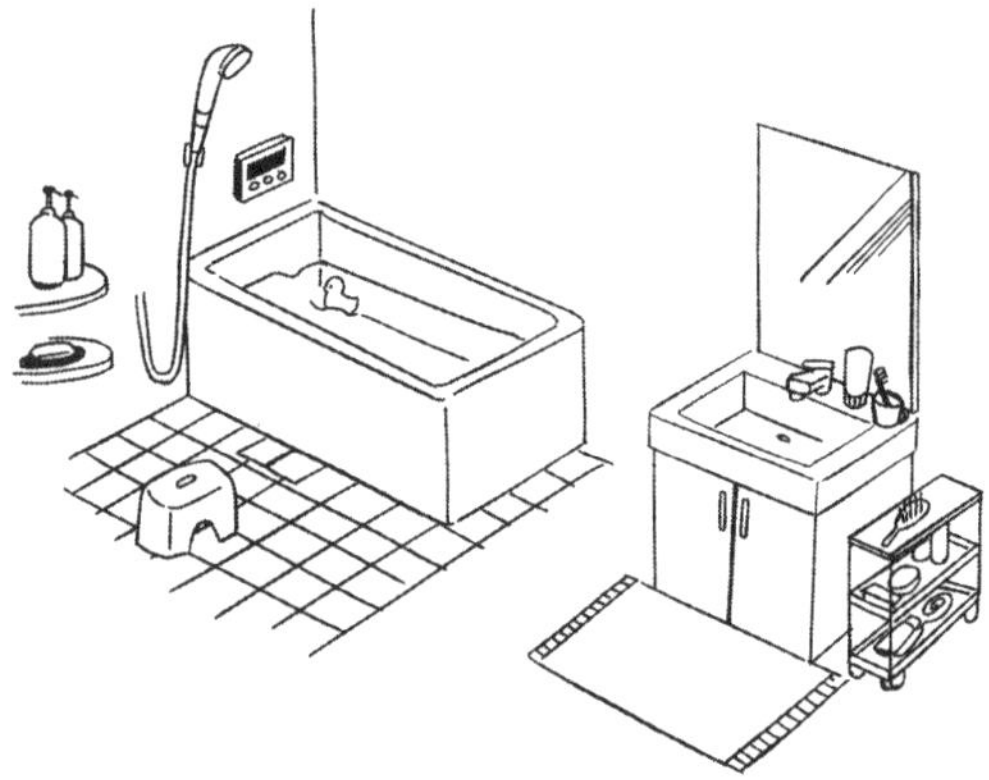

洗面所・お風呂場の役目

・「今日なりたい自分」になるための空間
・体のメンテナンス、ケアを行う空間

片づけ対象アイテム

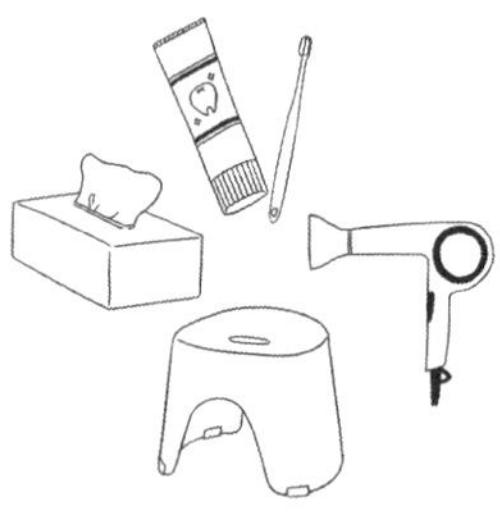

[例] 歯ブラシ、歯磨き粉、コップ、ハンドソープ、洗顔料、整髪剤、ドライヤー、タオル、スキンケア用品、ボディケア用品、くし、ブラシ、カミソリ、コンタクト、試供品、口臭ケアグッズ、入浴剤、石鹸、ティッシュ、日用品、お風呂用イス・湯おけ、バスマットなど。

片づけポイント

①残すべきモノ

洗面所収納の中を全部出して空っぽにした後に、「1軍：よく使うモノ」と「2軍：たまに使うモノ」だけに厳選しましょう。日用品のストックは、原則1つがオススメです。**洗面所収納は小さいので、余計なモノは入れないようにしましょう。**もし高齢で、ストックを多めに持ちたい場合は、確実に消費し切れる量だけ持ちましょう。

②手放すべきモノ

次に当てはまるモノは、できるだけ手放しましょう。**洗面所周りにモノが多ければ多いほど、朝が慌ただしくなり、夜はヘトヘトになりがちです。**

お風呂場に関しては、モノが増えるほど汚れが溜まり、掃除が大変になります。なくてもいいモノは手放すことがオススメです。

[例]・1年以上使ってない・数が多すぎるモノ・肌に合わない・ニオイが苦手・好み

じゃない・使い勝手が悪い・汚れがひどい・カビが生えている・だいぶ古いモノを使っている

③我が家にないモノ

洗面所やお風呂場には、意外になくても生活ができてしまうモノがあります。水回りにないほうが掃除もしやすく、衛生的な空間になります。

・バスマット（浴室で足を拭けば大丈夫）
・お風呂用の椅子、湯おけ（汚れるモノを置かない。立ちシャワーで十分）
・柔軟剤（洗濯洗剤だけで十分）
・コップ（手で口をゆすげばいい。洗面所周りの掃除がしやすくなる）
・試供品（どうせ使わない。なくても生活には困らない）

④家族共有で使う

洗面所やお風呂場に、家族別々で使っているモノはありませんか？　例えば、歯磨き粉やボディソープ、シャンプー、リンスーなどです。我が家では全て、夫婦共有で使っています。そうすれば場所も取らないし、買い物や掃除も楽になるので超オススメです。

⑤「なりたい自分」に相応しくないモノを手放す

洗面所収納には、「なりたい自分」へなるために必要なアイテムだけ収納しましょう。

あなたはどんな自分になりたいですか？

「あれもこれも」とモノが増え、ゴチャゴチャになった洗面台は、「理想のあなた」に相応しいでしょうか？　ボロボロのタオルや歯ブラシ、汚れたお風呂グッズを使っていて、「なりたい自分」になれるでしょうか？

自分を大切にする意味でも、なりたい自分になるためにも、本当に大事なモノを少なく持ちましょう。

・僕からのメッセージ

忙しい生活、余裕のない生活をしていると、モノも散らかるし、毎朝慌ただしくなり、帰宅後の体のメンテナンスも雑になってしまいます。あなたは体のメンテナンス・ケアはできてますか？

僕が大好きな「ウォーレン・バフェット」さんが残した名言をご紹介します。

『あなたが車を1台持っていて、一生その車にしか乗れないとしよう。当然あなたはその車を大切に扱うだろう。必要以上にオイルを交換したり、慎重な運転を心がけたりするはずだ。ここで考えてほしいのは、あなたが一生に1つの心と1つの体しか持てないということだ。』

車はモノだから「買い替えればいい」と思ってしまいますが、もし「一生その車」と言われたら大事にしようとしますよね。僕の体も、あなたの体も「一生にひとつ」。これを機に、「メンテナンス・ケア」に関連する洗面所・お風呂場を整えて、自分の体と毎朝・毎晩、向き合っていきましょう。

3

幸運を運んでくれる
「玄関」

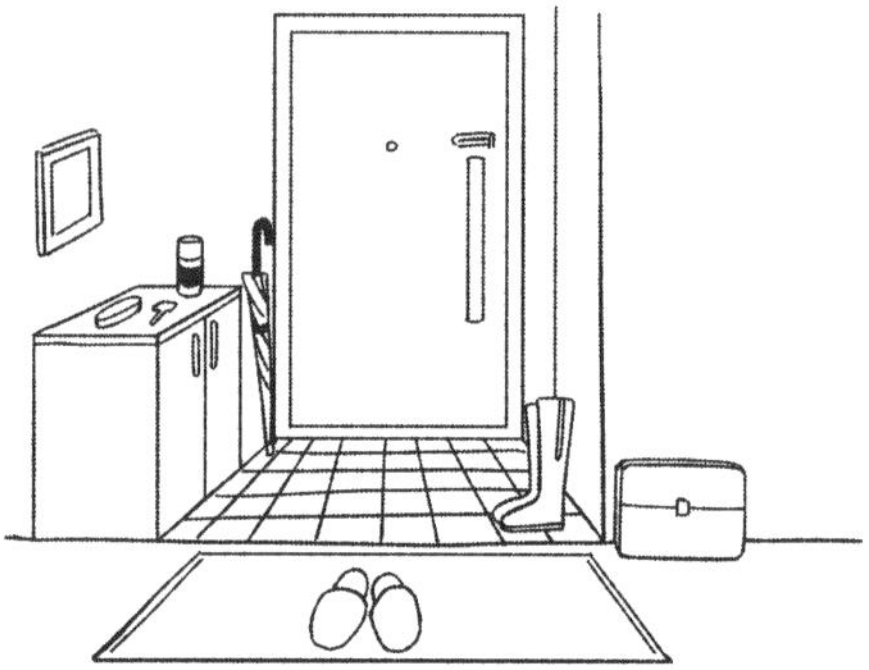

玄関の役目

・家族が気持ちよく外出・帰宅する空間
・空気や運気が出入りする空間

片づけ対象アイテム

［例］靴、傘立て、傘、杖、郵便物、新聞、靴べら、玄関マット、スリッパ、ブラシ、ホウキ、ちりとり、マスク、印鑑、ペン、除湿剤、芳香剤、置物、趣味グッズ、遊具、帽子、自転車、バイク、ヘルメット、虫除けスプレー、防水スプレー、靴のメンテナスグッズ、段ボール、工具など。

片づけポイント

①残すべきモノ

玄関収納を全出しして空っぽにした後、「1軍：よく使うモノ」「2軍：たまに使うモノ」だけに厳選しましょう。靴に関しては、TPOに合わせて履き心地のよい靴、お気に入りの靴だけ残すとよいと思います。

玄関は、人や空気、運気が出入りする場所です。**必要最少限のスッキリした玄関になることで、家族が出入りしやすくなりますし、掃除もしやすく、空気もキレイになります。そういう家に、よい運気も入ってくるでしょう。**

②手放すべきモノ

玄関に余計なモノを置いてしまうと、気持ちよく外出することができないですし、外出から帰宅して玄関の扉を開けたときの絶望感は最悪です。どっと疲れてしまいます。そうならないためにも、**「3軍：ほとんど使わないのモノ」や次に当てはまるモノは手放しておきましょう。**

［例］・1年以上使ってない・足に合わない靴・かなり汚れている・カビが生えている・臭い・数が多すぎる・壊れている・使い勝手が悪い・かなり埃が被っている・玄関を出入りする時に邪魔に感じる

［我が家の玄関のこだわり］

我が家の玄関のこだわりは、必要なモノしか置かないことです。とにかく掃除をしやすく、広く開放的に使いたいので、なくてもいいモノは持ちません。玄関に必要なモノは実は少ないのです。我が家の玄関にあるモノは次の通りです。

・靴4足（僕が1足、妻が3足、子どもの靴はまだありません）
・傘2本（子ども用の傘1本、妻の傘が1本）
・家の鍵
・ホウキとチリトリ

【玄関がスッキリするメリット】
・つまずくモノがないので外出・帰宅しやすい
・玄関が汚くてげんなりすることがない
・玄関の風通しがよくなる。換気するとキレイな空気が入ってくる
・数秒で玄関の掃き掃除が終わる

・僕からのメッセージ

「玄関は家の顔」とも言われますし、「幸せは足元から」とも言います。玄関が散らかっている家は、大抵家の中も散らかっていることがほとんどです。まさに、幸せは足元から崩れていくのかもしれません。あなたの家は大丈夫ですか？

毎朝気分よく外出して「幸せな場所」に足を運べるように、そして気分よく帰宅して「1日の幸せ話」に花が咲くように、スッキリした玄関を心がけましょう。

4

最も居心地のよい「リビング」

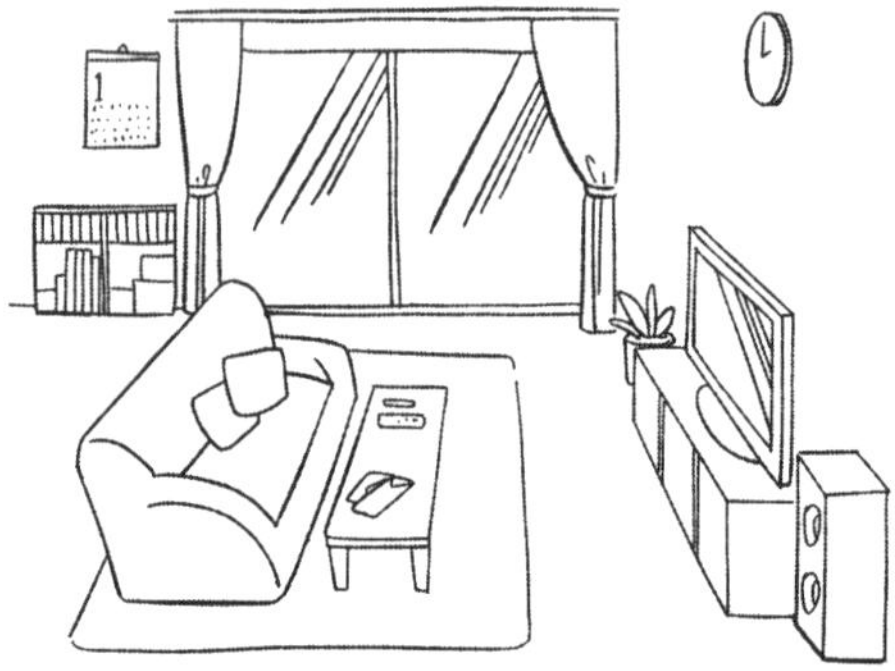

リビングの役目

・家の中で多くの時間を過ごす場所
・リラックスできる場所
・今の生活を楽しむ空間

片づけ対象アイテム

[例] 椅子、座布団、クッション、テーブル、ソファー、ラグ、テレビ、テレビ台、CD、DVD、ゲーム機、スピーカー、扇風機、運動グッズ、キャンドル、芳香剤、ぬいぐるみ、本、薬、サプリメント、インテリアグッズ、郵便物、文具、置物、飾り物、観葉植物、花瓶、子どものオモチャ、学校教材、仕事道具、加湿器、除湿機、芳香剤、コンセント周りの配線、充電器、時計、カレンダーなど。

片づけポイント

①残すべきモノ

リビングには、**「家族共有でよく使っているモノ」「居心地をよくするモノ」**だけ残しましょう。リビングは家族共有のスペースになりますので、個人の所有物は各自の部屋に収納し、使うときだけリビングに持ってきた方がよいと思います。そうすることで、家族全員が居心地よく、リラックスできるリビング空間になるからです。

②手放すべきモノ

リビングで心地よく過ごすには、**「ほとんど使ってないモノ」「居心地を悪くするモノ」**は置くべきではありません。次に当てはまるモノは手放しましょう。

［例］・汚れが酷い・1年以上使ってない・掃除やメンテナンスが面倒・数が多すぎる・使い勝手が悪い・リビングの居心地を悪くしている

我が家のリビング空間のこだわり

我が家のリビングのこだわりは、とにかく広く、掃除しやすく、小さい子どもの安全を配慮した空間にしたことです。テーブルの上にも、床の上にも、必要最低限のモノしか置いてません。

・4人掛けテーブル
・椅子2脚（夫婦用）＋ベビーチェア1台
・ソファ1台（くつろぐ用＆映画鑑賞用＆来客用）
・ベビーベッド（レンタル）
・ベビー用品、オモチャ、絵本（全てベビーベッド下に収納）
・Wi-Fiルーターとケーブル隠しボックス
・充電ケーブル（スマホとiPad用）
・ポッピンアラジン（照明器具＆プロジェクター＆スピーカー）
・電子ピアノ（妻の趣味）
・エアコンとそのリモコン

リビングがスッキリするメリット

・床の上には何もないので掃除しやすい
・開放的で、子どもが遊び回れる（しかも安全）
・ケーブルが隠れているので生活感が出ない
・くつろぎやすく、趣味の映画鑑賞を楽しめる
・何もない空間だから、勉強や仕事に集中しやすい
・家族と一緒に気分よく食事できる

・僕からのメッセージ

リビングは家の中で多くの時間を過ごす場所です。つまり、**このリビングが汚ければ、家の居心地が悪くなり、生活満足度も下がってしまいます。**

心地よい空間には、多くのモノは必要ありません。たとえば、**「くつろぎ」「癒し」「快適さ」を提供してくれる旅館やホテルにも、必要最低限のモノしか置いてないはずです。**

5

健康と豊かな食生活を叶える「キッチン」

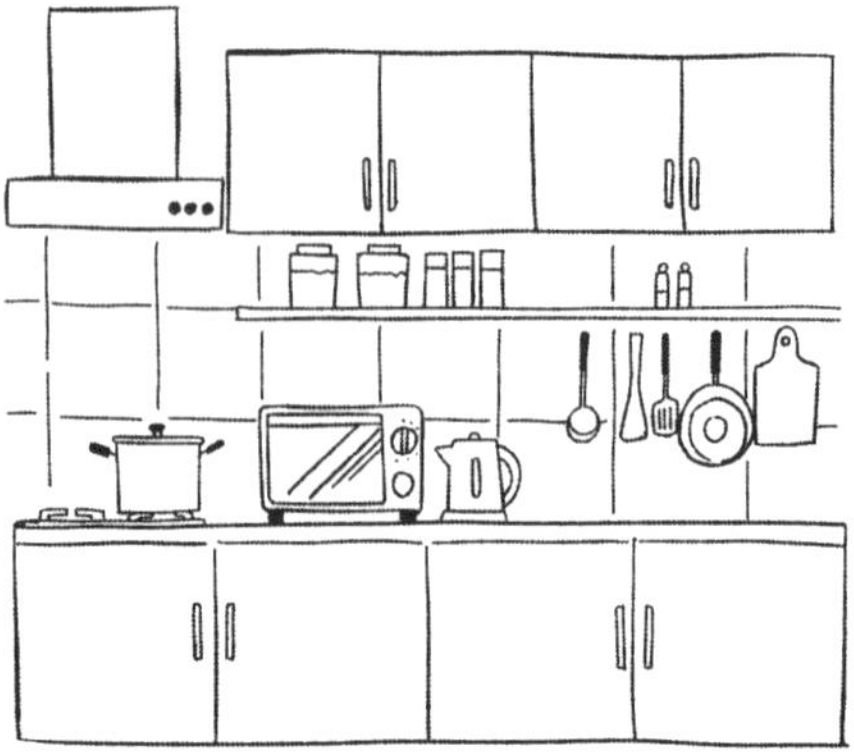

キッチンの役目

- 料理を楽しむ場所（趣味）
- 家族の健康を叶える空間（健康）
- 豊かな生活を生み出す空間（食欲）
- 外食費から家計を守る場所（節約）
- 日々生きる活力を生み出す空間（元気）

片づけ対象アイテム

［例］食器、食材、調理器具、掃除アイテム、保存容器、消耗品、家電製品、弁当箱、サプリ、タイマー、張り紙、マグネット、キッチンマット、箸置き、おぼんなど。

片づけポイント

①残すべきモノ

キッチン収納1つずつで構いませんので、全出しした上で「1軍：よく使うモノ」と「2軍：たまに使うモノ」だけ残しましょう。「3軍：ほとんど使わないモノ」は、手放した方がキッチンはスッキリするし、掃除や料理もしやすくなります。さらに、食材や消耗品の在庫管理がしやすくなるため、食費や日用品費の節約にもなるはずです。

②手放すべきモノ

キッチンには「食材」「食器」「調理器具」「調味料」「食材」が増えがちです。料理を趣味として楽しむのはとても素敵なのですが、あまりにモノや食材が溢れたキッチンは考えものです。結局、**食べ物が腐ってしまったり、賞味期限が切れたり、「あれがない、これがない」と料理中に探し物が始まったり、洗い物や片づけが増えて家事ストレスが増えてしまいます。**さらに最悪なのが、食材管理がズボラだと虫の発生原因になります。したがって、次に当てはまるものは手放しましょう。

［例］・賞味期限切れ・ほとんど出番がない・1年以上使ってない・来客用のモノ（必要な分だけ残す）・過剰にあるモノ・スマホで代用できるモノ・掃除の手間になる・手が届きにくい場所に収納されているモノ（たぶん使ってない）

③我が家のキッチンにないモノ

我が家のキッチンのこだわりは、必要なモノがパッと手に取れて、掃除のしやすいキッチンにすることです。だから、普段使わないようなモノは買わないし、なくてもいいモノは持たないようにしています。例えば、手放してよかったモノは次の通りです。

・大量の食器やコップ、カトラリー（家族人数分で十分）
・キッチンマット、三角コーナー（あると逆に掃除が大変）
・たまにしか使わない調味料や保存食（収納の邪魔になる）

・余計な掃除グッズ（スポンジとウタマロクリーナーで十分）
・レシピ本、キッチンタイマー（スマホで代用）
・箸置き、エプロン、お盆、ランチョンマット（なくても料理も食事もできる）
・大きな食器棚（備え付け収納だけで十分）
・大量の調理器具（結局いつも使う定番のモノだけあれば十分）
・冷蔵庫のマグネット（冷蔵庫には何も貼らない方がスッキリする）

キッチンがスッキリするメリット
・料理するのが楽になる（外食頻度が減った）
・料理中に汚れても掃除が簡単
・無駄遣いが減り、食費の節約になっている
・1回も虫が出たことがない
・食後の洗い物や片づけがすぐ終わる

・僕からのメッセージ

キッチンで作られたご飯が、僕たちの活力になっています。そして、**普段の食生活によって、体調や体型、活動量、生活習慣も大きく変わってきます。健康でいることは何よりの財産ですし、「食」というのは我々に「豊かさ」を与えてくれます。**ぜひこれを機に、キッチンの片づけと共に、食生活についても一度、考えてみてください。

6

心身ともに休める「寝室」

寝室の役目

・心身ともに休ませる空間
・リラックスするための空間

片づけ対象アイテム

[例] 寝具、充電器、本、コンタクト用品、メガネ、ぬいぐるみ、間接照明、キャンドル、アロマデュヒューザー、加湿器、目覚まし時計、プロジェクター、化粧品など。

片づけポイント

①残すべきモノ

寝室は文字通り、寝るための場所です。**心身ともに休ませるためには、余計なモノは置くべきではありません。**まずは、普段使っている「寝具類」は残すと決めましょう。リラックスアイテムに関しては、増やし過ぎるとよくないので、お気に入りのモノ（1軍：よく使うモノ）だけにすると、寝室もスッキリすると思います。

②手放すべきモノ

寝室に余計なモノを持ち込んでしまうと、夜更かしの原因になってしまったり、寝つきが悪くなったり、睡眠の質が下がる可能性があります。つまり、**「睡眠の妨げになるようなモノ」や「普段使ってないようなモノ」は置くべきではありません。**

［例］・体に合わない寝具・スマホ・ゲーム・目覚まし時計・大量の本・運動器具・埃っぽいぬいぐるみ・1年以上使ってないモノ

我が家の寝室のこだわり

我が家の寝室には余計なモノは置かず、寝るためだけの空間にしています。寝室に置いてあるモノは寝具のみ。本や間接照明、スマホの充電器も置いていません。

夜は、妻がキャンドルを灯してくれるので、部屋の照明を消して部屋を真っ暗にします。その空間でストレッチをしながら疲れた体を癒し、その日1日を妻と一緒に振り返って寝るようにしています。**寝る直前に、あれもこれもしない。寝ることだけに集中する空間です。**

そして、我が家には遮光カーテンはありません。目覚まし時計を持たない代わりに、毎朝、太陽光で起きています。自然と目が覚めるので、目覚めもかなりよくなりました。

寝室がスッキリするメリット

・寝ることだけに集中できるので、一瞬で寝れる

・夜中に起きることがなくなった
・早寝早起きが習慣になった
・余計なことをしなくなったので、ぐっすり眠れる
・十分な睡眠を確保できるので、寝不足にならない
・寝る前にストレッチをすることで、朝から活発に動ける

・僕からのメッセージ

寝室は、極端なことを言えば「寝具」だけあれば十分です。ただ、「豊かな生活」を送る上で、リラックスアイテムも少なからず必要でしょう。

睡眠は、人間にとって最も大事な活動のひとつです。睡眠環境が整っていなければ、翌日の体調やパフォーマンスだけでなく、あなたの生活満足度にまで大きな影響が出ます。寝室には「余計なモノ」「なくてもいいモノ」「睡眠の邪魔になるモノ」まで持ち込まず、睡眠に必要なモノだけに厳選するようにしましょう。

7

暮らしを豊かにする
「趣味」の片づけ

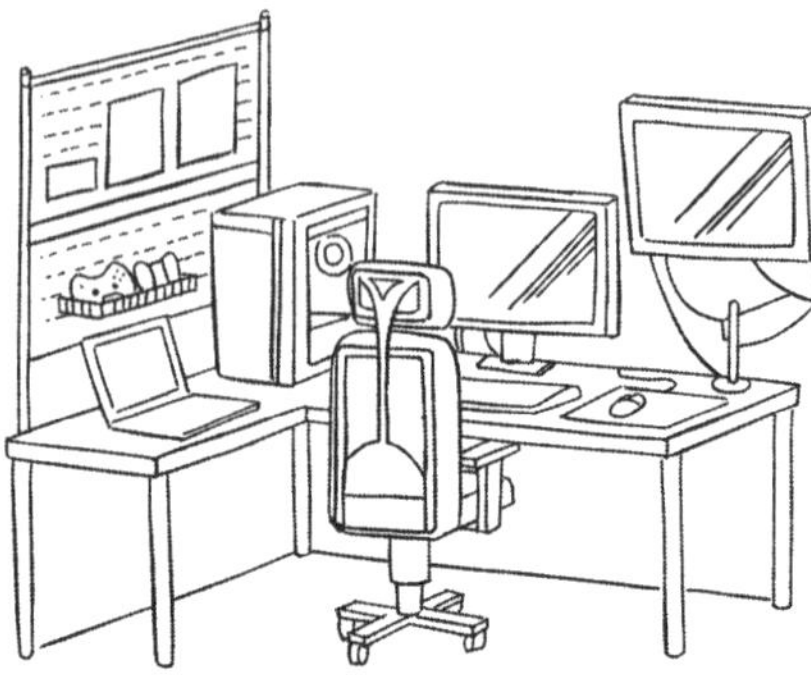

趣味の役目

・人生を豊かにする
・気持ちを前向きにする
・自己成長を促す

片づけ対象アイテム

[例] 本、教科書、ノート、スポーツ用品、ガーデニンググッズ、アウトドア用品、料理グッズ、旅行グッズ、釣具、裁縫道具、カメラ、ゲーム、着物、楽器など。

片づけポイント

①残すべきモノ

普段から使っている趣味アイテムは、人生を楽しむためにもぜひ残してください。**「人生を楽しむためのモノ」まで手放してしまっては本末転倒です。**「1軍：よく使うモノ」と「2軍：たまに使うモノ」だけ残しましょう。

②手放すべきモノ

今、夢中になっている趣味を存分に楽しむためにも、「3軍：ほとんど使わないモノ」は手放しましょう。**余計なモノを持たず、身の回りに「必要な趣味のモノだけ」を揃えれば、準備も片づけも簡単だし、思う存分、趣味に時間もお金も費やせるようになります。**したがって、次のようなモノは手放した方がよいでしょう。

［例］・好みじゃない・使い勝手が悪い・古くて汚れている・今は使わなくなった・趣味が変わった・数が増え過ぎた・大きくて重い（持ち運びが不便）

僕の趣味アイテムのこだわり

僕は、「今」自分が興味のあること、楽しみたいことに必要なモノしか持ちません。例えば今の時期であれば、散歩用の靴と撮影用機材（スマホとマイク）、映画鑑賞用のプロジェクター（ポップインアラジン）、勉強兼日記用のノートとペンです。以前は筋トレも本格的にやっていたので、トレーニングアイテムやサプリも持っていましたが、今はやらなくなったので全部手放しました。あっても使わないし、自分の中で「今はやらない」と決断したので、余計なことをしないために処分しました。そして、**僕が「これやってみたい！」と思ったことは、必要なモノを超安く手に入れるか、レンタルで揃えるようにしています。**数回やって飽きてしまったら、購入代金がもったいないからです。

「ユーチューブをやってみたい！」と思ったときも、手持ちのスマホとアマゾンで1000円くらいで購入した三脚から始めました。それが今では大きな収入源になっているのだから驚きです。

そんなふうに、**家に余計なモノを増やし過ぎず、節約もしながら、今楽しみたいことを思う存分楽しめるような環境づくりを徹底しています。**

趣味アイテムを片づけるメリット

・今楽しみたいことに集中できる
・余計なことに時間と思考を費やさなくなる
・探し物や失くし物が減る
・自分の「好き」「やりたいこと」が明確になる

・僕からのメッセージ

人生は一度きり。「これやってみたい！」「これをやりたい！」と思ったことは、なんでもやってみることが大事です。ただ、モノを増やし過ぎてしまえば「あなたが心から楽しみたいこと」の足枷になってしまうことがあるので注意が必要です。**今、「自分が集中して楽しみたいこと」を見極めて、「必要なモノ」「不要なモノ」を判断していきましょう。**

8

人生を豊かにしてくれた
「思い出」の片づけ

思い出の役割

- 心を満たしてくれる（心の栄養になる）
- 気分を前向きにしてくれる
- 懐かしい気持ちを思い出させてくれる
- 生きた証

片づけ対象アイテム

［例］アルバム、写真、作品、記念品、昔の趣味、子育てグッズ、息子・娘の持ち物、ぬいぐるみ、手紙など。

片づけポイント

①残すべきモノ

「過去の思い出のモノ」を全て残すとなると、収納がいくらあっても足りません。そして、遺された家族も遺品整理で苦労することになります。

思い出のモノは、**「自分の人生に大きな影響を与えた順」**で残していきましょう。今までの人生を振り返ってみて、**「思い出リストTOP10（絞りきれない人はTOP20）」**に入ってくる出来事を書き出してみてください。正直、TOP10の思い出グッズさえ残せれば、思い出としての役割を存分に果たしてくれるはずです。

そして、ランク外の思い出のモノは、保留ボックスに移動させて様子を見てください。無理に手放す必要はありません。

②手放すべきモノ

思い出のモノを無理に手放す必要はありませんが、「思い出」というのはずっと心の中に残り続けます。「よっぽど大事な思い出」や「印象に残っている思い出」なら尚更です。忘れることはないでしょう。

したがって、**次に当てはまるモノを手放していけば、収納がスッキリするだけでなく、「本当に大切な思い出」だけが際立つようになります。**

［例］・思い出リストTOP10（もしくはTOP20）のランク外のモノ・振り返っても感動が小さい・嫌な記憶を思い出させるモノ・同じようなモノ・仮に手放したとしても悲しくないモノ

僕の思い出のモノ

第2章でも書かせてもらいましたが、僕は思い出のモノは1つも持っていません。唯一あるとしたら、妻とのLINEで共有しているアルバムくらいです。そこには、子どもの成長記録や、家族との思い出の写真がたくさん残っています。僕たちは定期的にこのアルバムを振り返って、思い出話で盛り上がります。

僕は、たとえ旅行に行ったとしても思い出のモノや記念品を買うことはありません。**感動した体験はずっと心の中に残るし、わざわざ「思い出のモノ」にお**

金を払うなら、また別の新しい体験（思い出）を家族と共有するためにお金を使いたいからです。大事なのは「モノ」ではなく、大切な人とたくさんの思い出を共有することだと思います。

思い出のモノを厳選するメリット
・楽しかった思い出を何度も何度も振り返れる
・「モノ」より「経験（思い出）」にお金を回せる
・思い出話に花が咲く（心が豊かになる）
・過去よりも「今の生活」を大切にできる

・僕からのメッセージ

つい先日、本書の執筆中に僕の身近な人が亡くなりました。とても悲しい出来事でしたが、本人は余命宣告を受けてから、家族や友達、同級生とたくさん思い出を作っていました。きっと後悔はなかったと思います。

ある日、病室で身内がたわいもない思い出話をしていたときに、本人もホッと安心をしたのか、息を引き取りました。

大事なのはモノじゃない。大切な家族や友達と、どれだけたくさんの楽しい思い出を作れたかが大事だと、僕は感じました。

Chapter

5

これからの「命の使い方」を考える

1

モノに命を削られるのはもったいない

僕は「生前整理」と「身近な人の死」を通じて、「命の尊さ」を身に染みて感じました。人間には必ず終わりが来る。でも人生の最期は、いつになるのかわからない。突然来るかもしれないし、大きな病気と闘って一生を終えるかもしれない。よくわからない人生だからこそ、僕は真剣に自分の人生について考えるようになりました。

「これからの人生、どう生きよう」と考えたところで、すぐに答えが見つかるものではありません。でもたったひとつ、「これだけは嫌だ」と思ったことがありました。それは、**「モノに命を削られること」「モノに人生を捧げること」**です。

人生とは「時間」であり、それはすなわち「命」です。僕たちは一生懸命働いて、命を削って手に入れたお金で、モノを買っています。でも、せっかく命を削って買ったモノも、その数年後には物置や収納に放置されてしまうのです。**なんだか、命とお金を粗末に扱っているようにも感じませんか？**

モノを買わないと死ぬわけではないし、僕たちはモノを買うために生まれてきたわけではありません。買い物は確かに楽しい。でも一生に一度の人生、モノのために生きるのはとてももったいないと感じました。

モノは、少しだけあればいい。だから、モノのために無理して働く必要もない。そのぶん、自分が好きなように生きればいいと思うのです。

やりたい仕事を見つけたり、挑戦したいことをやってみてもいい。まずはお金を貯めるところから始めてもいいし、必要なお金があるならそのために一生懸命働いてもいい。稼いだお金を、自分のためや家族・友達との思い出のために使ってもいい。

そんなふうに、**「やりたいこと」とか「挑戦」とか、「自分」「家族」「友達」のために命を使っていく人生が、最高に楽しいと思います。**

僕は、どれだけ稼ごうが、いくら資産が増えようが、あれこれとモノを買わず、少しのモノだけで質素に慎ましく暮らしています。だからこそ、無理してイヤな仕事を長時間することなく、やりたい仕事を見つけて、自分の好きなように働けるようにもなりました。稼いだお金のほとんどは貯蓄に回り、たまに家族と贅沢もします。

僕は、お金のかかる生活を維持するために働くよりも、自由を楽しむ時間が何よりの幸せです。家族と一緒に家でご飯を食べたり、子どもと一緒に遊んだり、子どもの成長を間近で見たり、散歩に出かけたり、適度に働いて、興味あることにチャレンジしてみたり、夫婦で思い出話に花を咲かせたり、そして夜はぐっすり寝る。そんなのんびりとした日常が、何よりの幸せなのです。そんな中で、たまに家族と贅沢するからこそ、それがまたいい思い出にもなります。

モノは少なくていい。無理して働かず、日常の中にある幸せを、毎日噛み締めながら僕は生きています。

2

「遺産」を残すより、「負担と負債」を残さない

多くの人は、自分の家族に「遺産を残したい」と考えているでしょう。もちろん、それも大事かもしれません。でも、何より大事なのは「負担」と「負債」を残さないことだと思います。

ここでいう「負債」とは、借金はもちろん、「使わなくなった古いモノ」も含みます。多くの人は「モノ＝財産」「モノ＝資産」と捉えていますが、全てがそうではありません。一部、高く売れるモノもあると思いますが、**9割のモノは全く売れない、むしろ処分費用がかかってしまう「負債」となります。**僕はこの事実を、生前整理のときにことごとく痛感しました。

「昔は使ってた」「昔は価値があった」という理由で残してあるモノもあると思いますが、モノには寿命があり、使用期限があります。食べ物であれば、賞味期限や消費期限が明記されているのでわかりやすいですが、「モノ」に関しても実は同じなのです。

モノの寿命は、「使わなくなったとき」「役目を果たしたとき」です。寿命を迎えたモノは、家の中に「負債」として残り続けます。家賃や収納代、管理費用としてお金がかかったり、いつか必ず処分すべきときがくるので、その処分費用にもお金がかかります。そして、「いつか片づけなきゃ」と気にしておく「心の負債」としても重くのしかかってくるのです。

ぜひあなたには、元気なうちに、若いうちに、**「古くなったモノ」や「役目を果たしたモノ」、「使ってないモノ」が「負債化」する前に、売れるモノは売って現金化し、「資産化」してほしいと思います。**そうすれば家の中もスッキリしますし、経済的にも精神的にも豊かな人生を歩めるはずです。

とくに高齢の方であれば、その現金化したお金で大切な家族と思い出を作ることができます。思い出は、生きているうちにしか作れないですからね。遺される家族にとっても、いい思い出となるはずです。

僕も、家族に余計な負担をかけないよう、常に身軽な暮らしを心がけています。モノを残すか捨てるかの基準は、「今の生活で使っているかどうか」のみ。そんなふうに、**若いうちから身軽な暮らしを心がけていれば、家の中にも心の中にも「負債」がなくなり、「自分が死んだあとのこと」を全く気にすることなく、余生を思う存分楽しむことができるのです。**家族とたくさんの思い出を作って、この世を去ることができます。そして家族も安心して、僕を看取ることができるでしょう。

3 自分の人生を取り戻す生き方

僕は「ミニマリスト」というライフスタイルを、2015年から続けています。その生活の中で、「使ってないモノ」や「ストレスなこと」を徹底的に手放し、「好きなこと」「やりたいこと」を最大化させてきました。この10年間で、僕は「僕らしい人生」を取り戻せた気がします。

ミニマリスト生活において、「何を手放し、何を得たいか」「何を最小化し、何を最大化させるか」は、最も重要なテーマです。それはつまり、「自分がどんな人生を生きたいか」とほぼ等しいからです。僕はこのことを、常々考えています。

今、本当は何がしたいですか？

正直に、何をやめたいですか？

どんなふうに人生を楽しみたいですか？

理想を叶えるために、何が必要で、何が不要ですか？

人間の行動には優先順位というものがあって、頑張ってもせいぜい上位3つまでしか本気になれないし、実行できません。優先順位が下の方になるほど、実行力はどうしても落ちてしまいます。

だからこそ、余計なことに時間（命）を使っている場合ではないのです。「やりたいこと」「今やるべきこと」が明確になったら、それ以外の余計なことは削っていきましょう。**やるべきことが少なくなれば、そのぶん、パワフルにやりたいことをやれるようになるからです。**

「ミニマリスト」と聞くと、「ただモノを減らすだけの人」と思われがちですが、そうではありません。**ミニマリスト生活は、「自己実現の手段」です。**

理想の実現のために、「余計なモノ」「不要なモノ」を手放す。モノが減れば、連動して「余計な行動」も「余計な出費」も減っていきます。そして、時間やお金というリソースが最大化されて、やめたいことがやめられて、やりたいことができるようになるのです。

人生において大事なのは、「自分の好きな道を選ぶこと」だと僕は思っています。イヤなことはしない。やりたくないこともしない。ストレスなことを減らしていく。その上で、**「好きなこと」や「やりたいこと」を実現させていく。それがミニマリスト生活の醍醐味であり、自分の人生を取り戻せた証です。**

あなたは、「Less is More（レス・イズ・モア）」という言葉を知っていますか？　僕が大好きな言葉です。意味は「より少ないことは、豊かなこと」。つまり、**「少ないものに集中すれば、それがより輝き出す」ということです。「足す」のではなく、むしろ余計なものを「削ぎ落とす」ことで、人生がより充実するのです。**自分の好きなことに、自分の命を使っていきましょう。

4 最少限のモノで、今も老後も最大限楽しむ

僕は今もこれからも、必要最少限のモノだけで人生を楽しむつもりです。当然、老後の準備も怠りません。新NISAとiDeCoという制度を使い、資産運用をして、老後はお金の不安を感じることなく**豊かなミニマルライフ**を送る予定です。これは「贅沢な生活をする」という意味ではなく、**「金銭的に不安のない心穏やかな生活を送る」**という意味として僕は捉えています。

例えば、多くのミニマリストであれば生活費の無駄を削り、1人当たりの生活費が月10万円ほどに落ち着くことが多いです（夫婦2人暮らしであれば約20万円）。**なぜここまで生活費を落とせるのかといえば、見栄を張ったお金の使い方をせず、必要以上にモノを買わないからです。**そして、浪費や贅沢も身の丈の範囲（収入の10％以

内）で行えば、生活費を下げることが十分に可能なのです。

僕たち夫婦も、いくら稼ごうと、いくら資産が増えようと、生活水準を上げず、見栄のためにお金を使うこともせず、少しのモノだけでずっと暮らしてきました。

このように、**若い頃から節約を極め、少ないモノとお金で楽しく暮らす術を身につけることができれば、老後に用意すべき資金も通常より少なく済みます。**

もちろん、「今」を楽しむことも忘れません。モノへの余計な出費が減ったぶん、普段の食事を楽しんだり、家族と思い出を作ったり、趣味にお金を回したり、ちょっとした挑戦にお金を使ったり、健康のためにお金を使ったりすることができます。

このように、**少ないモノで暮らすミニマリストは、今の生活を楽しみつつ、老後にも備えやすくなるので、老後生活でもゆとりを持って暮らすことができるのです。これが豊かなミニマルライフです。**若いときから、少ないモノとお金で「今」を楽しみつつ、将来にも備える生き方は、非常にバランスの取れたライフスタイルと言えます。

そして、なんと言っても老後が近づいてきたときが肝心です。後悔なく人生を終えるために、僕なら**「死ぬまでにやりたいことリスト」**を作って余生を楽しみます。人は、本当にいつ人生が終わるかわかりません。50代・60代で亡くなる人もいれば、90歳・100歳まで長生きする人もいるでしょう。

どちらにせよ、**「死ぬまでにやりたいこと」は、若くて元気なうちにやるべきです。歳をとって体が動かなくなってからでは遅すぎます。後悔なく生きるためにも、「人生でやり残したことはないか」、「死ぬまでにやっておきたいことはないか」、老後を迎える前に準備しておきましょう。**

僕の大好きな言葉に、**「人生はネタづくり」**という言葉があります。いろんな経験を積み上げることで、心の中に「思い出貯金」が貯まっていきます。このいろんな経験は、若いときにも役に立つし、歳を取ったときにも最高の思い出として残るでしょう。

自分が看取られるときにも、きっとよい思い出として家族に引き継がれていくはずです。

人生とは「時間」であり「命」。つまり、命をどう使うかで人生が決まります。だからこそ、今も老後も、最少限のモノで、最大限楽しんでいきましょう。

5 「心が満ちる0円習慣」が人生の土台

巷では節約・貯金・投資がブームになっていて、「いかにお金をかけずに生活を楽しむか」を考える人が増えてきた一方で、「切り詰めた節約生活」や「働き詰めの生活」に疲れてしまって、「一体何に幸せを感じるのか」わからなくなってしまった人もいるはずです。

どちらにせよ、0円で心が満たされるのなら、試してみる価値はあるはずです。ここでは、僕が普段から実践している「心が満ちる0円習慣」を8つご紹介します。

①生活リズム・生活習慣を整える

僕は毎日、健康的な生活リズムを心がけています。生活リズムが乱れてしまうと、ストレスが溜まったり、疲労の蓄積、睡眠不足、体調不良、やる気の低下、無駄遣いにつながりやすいからです。

つまり、**生活リズムが乱れてしまうといろんな問題が起きやすいので、「幸せ」と言える状態ではなくなってしまいます。**だからこそ、毎日の体調がよくなる心地よいリズムを見つける必要があるのです。例えば、僕が実践していることは以下の通りです。

- ☑ いつも同じ時間に起床・就寝する。
- ☑ 毎朝換気をして、新鮮な空気を部屋に取り込む。
- ☑ 毎朝、その日のタスクを書き出す。
- ☑ 朝日を浴びながら30分以上散歩する。
- ☑ 毎朝体重を測り、健康的な食生活にする。
- ☑ やるべき家事を後回しにせず、パパッと済ませる。
- ☑ 昼食後に仮眠を15~30分とる。

☑早めに入浴・夕食を済ませる。
☑SNSやドラマ、映画は時間を決めて楽しむ。
☑夜は部屋を暗くして、寝る準備をする。

このように、僕は平日も休日も変わらず、同じような生活リズムで暮らすようになってから、体調不良も減り、毎日活動的に動けるようになりました。生活リズムを整えれば、心も体も整うこと間違いなしです！

②住まいを整える

生活リズムが乱れている人は、自然と部屋も散らかってしまいます。元気がない人、忙しい人、余裕がない人は、家事にまで手が回らないからです。

だからこそ、**生活リズムを整えつつ、隙間時間で家の中を整えましょう。**やるべきことは、部屋の片づけ・整理整頓・掃除です。

部屋が汚いままだと、貴重な時間やお金を失い、家事ストレスも増大するので、不機嫌でいることが多くなってしまいます。

つまり、**「片づけ・整理整頓・掃除」は、僕たちの生活自体をメンテナンスしてくれる重要な役目なのです。**我が家でも、掃除は小まめに行い、部屋をキレイに保つようにしています。具体的には次の通りです。

- ☑ 床掃除・トイレ掃除は毎日行う（15分）。
- ☑ キッチンリセットは夕食後に行う（5分）。
- ☑ 風呂掃除は、入浴後にサッと掃除する（5分）。
- ☑ 玄関掃除は、汚れた時にサッと掃除する（5分）。
- ☑ 使ったモノは、必ず元に戻して整理整頓を心がける。
- ☑ 不要になったモノは、すぐに処分する。

「これを毎日やるの？」と思った人もいると思いますが、これがミニマリスト生活の強みです。モノが少ないからこそ、小さな暮らしをしてるからこそ、片づけや整理整頓・掃除が一瞬で終わるのです。

そして、**住まいが整えば「時間・お金・心」に余裕が生まれます。これが、幸せへの第一歩です。**

③自分のための時間を確保する

住環境を整えた次のステップは、自分の心を満たすための習慣です。**どんなに生活リズムを整えても、人生に楽しみがなければ意味がありません。**

だから、自分が楽しいと思えることを見つけましょう。ここでは、僕がお金をかけずに楽しんでいることをいくつかピックアップしました。

☑近所の散歩をしながら景色を楽しむ。

☑自然と触れ合い、癒される。

☑家で映画やドラマを楽しむ。

☑家にある食材で料理を楽しむ。

☑家でコーヒーやお菓子を楽しむ。

☑お金のかからない公共施設を利用してみる。

☑ストレッチで全身を伸ばす。

☑家族や友達とたくさん笑う。

☑思い出を振り返って家族や友達と共有する。

☑子どもと一緒に遊ぶ。

☑趣味に打ち込む。

☑旅行の計画を立ててみる。

☑やりたいことリストを作る。

☑お風呂にゆっくり浸かる。

☑読書を楽しむ。

☑キャンドルを炊いて炎と香りに癒される。
☑好きな音楽を聴いてリラックスする。
☑思う存分寝る。

このように、**お金をかけずとも楽しめることはたくさんあります。楽しい時間を1秒でも長く過ごすことは、とても大事なことです。**「楽しい人生だった」と思えたら、とても幸せなことですよね。人生を楽しむための時間を積極的に作り、嫌なことは減らして毎日の生活を満喫しましょう。

④小さな幸せを見つける

日頃見かけるものに対して、小さな幸せに気づくことはとても大切です。感性が豊かな人は、日常の小さな幸せを見つけやすく、毎日を心豊かに過ごすことができます。

僕も常日頃、小さな幸せを見つけてはノートに記録するようにしています。

［例］

☑道端にキレイな花が咲いていた。
☑空が青くてキレイだった。
☑子どもの言動一つひとつが可愛い。
☑布団を干したら太陽の匂いがした。
☑今日観た映画が面白かった。
☑友達と電話できて楽しかった。
☑妻が作ってくれたご飯が美味しかった。
☑今日1日、ゆっくり過ごせた。

このように、**日々忙しく過ごしていると見過ごしがちな「小さな幸せ」を、今日1日感じてみてください。**日常の小さな幸せを見つけられれば、心穏やかに毎日を過ごせるはずです。

⑤生きていること、命に感謝する

僕は今までに、「生きること」「死ぬこと」を考えさせられる出来事がいくつかありました。

例えば、僕が中学生のときに中越沖地震で命の危険を感じたり、高校生のときには難病の潰瘍性大腸炎を患い、それ以来何度も体調不良に悩まされました。そして大学生のときには、東日本大震災の津波の映像を家のテレビでリアルタイムで見て、多くの方が亡くなり、衝撃を受けました。最近では、僕の身近な人を看取り、間近で「死」と向き合いました。

僕はそのような経験を経て、命のありがたみを感じると共に、「今日という日を健康で元気に過ごせること」がとても幸せに感じるのです。そして、大切な家族や友達が元気でいることも、毎日ありがたく感じています。

「当たり前のようで、当たり前じゃないこと」って、実は世の中にたくさんあることに気がつきました。健康はもちろん、目が見えること、耳が聞こえること、ご飯を味わえること、匂いを嗅げること、手足が動かせること、食材やモノがいつでも手に入ること、家族や友達が毎日支えてくれることもです。

だから僕は毎日、命と向き合い、日々感謝しています。**「生きているだけで幸せ」と心の底から思えれば、間違いなく人生は豊かになるでしょう。**

⑥豊かな人間関係をつくる

豊かな人間関係は、自分の幸福度にも直結します。これはあなたも実感していることではないでしょうか。家族も含め、周りの人間関係に満たされていれば、自分も幸せに感じることができます。逆に、人とのつながりがなく孤独だったり、周りが機嫌の悪い人たちだったら、きっと不安や不満を感じるでしょう。

だからこそ、**家族や友達を大切にしたり、辛いときに支え合ったり、一緒にいて笑顔になれるような人と関わりを持つことが大事になってきます。**

僕も「人間関係の重要さ」に気づいてからは、積極的に家族との時間を作るようにして、友達とも定期的に電話したり、食事や遊びに誘ったりします。そして、友達が助けを求めてきたらサポートするし、僕が困ったら友達や家族に相談するようになりました。

このように、**いつでも頼れる親密な人間関係を築くことができれば、笑顔も自然と増え、幸せな気分を味わえるはずです。**

⑦人の役に立つ

人の役に立ち、周りを幸せにすることも、お金をかけずに心を満たすことのできる大事な習慣のひとつです。自分の知識や経験、スキルが周りの役に立ち、それで助かった人が笑顔になって感謝されたら、自分も嬉しい気持ちになりますよね。**人の喜ぶ顔を見られることは、とても幸せなことです。**

僕も、困っている人を見かけたら積極的に声をかけ、助けるようにしています。本当に、ちょっとしたことでいいのです。道案内をしたり、急いでいる人がいたら道を譲ったり、1歳の我が子に「かわいいね」と話しかけてきた見知らぬおばあちゃんといろいろ話をしたり。

こんなふうに、自己満足でいいので「自分、いいことしたな」と思えれば、それだけで心が満たされるし、目の前の相手が笑顔になったり、「ありがとう」と一言もらえれば尚更、心豊かな人生になっていくことは間違いありません。

6

幸せを見つける3つの質問

ミニマリスト生活を送っていると、周りから「モノがないのに何するの?」「なんか退屈そう」「人生つまらなそう」「お金がないだけでしょ」と言われることが少なからずあります。

でも、僕は不思議に思うのです。**幸せになるために、そんなに多くのモノが必要なのか? 大富豪になれないと幸せになれないのでしょうか?** 僕が思うに、たとえ少ないモノで暮らしていても、質素倹約な生活をしていても、大金持ちでなくても、幸せにはなれると思うのです。

では、幸せとは一体何でしょうか。答えは人それぞれあるでしょうが、具体化すると次のようなことではないでしょうか。

☑ストレスが少ない生活。
☑家計に不安がないこと。
☑十分な収入があること。
☑快適な住環境で暮らせること。
☑健康であること。
☑人間関係が良好であること。
☑1日ゆったりと過ごせること。
☑美味しいご飯が食べられること。
☑趣味に没頭できること。
☑やりがいのある仕事に励むこと。
☑自然や芸術に触れること。
☑新しいことに挑戦できること。
☑日々、感謝して生きていること。

きっと、他にもあるでしょう。要は、日々「ポジティブな感情」でいることが、幸せに直結するわけです。

「不安・不満・不快・ストレス・余裕のなさ」ばかり感じてしまえば、幸せとは言えません。逆に、「安心・余裕・満足」の感情があれば、幸せと言えるのではないでしょうか。つまり、**幸せにおいて重要なのは次の3点のみです**。

①最低限、何があれば満足できるか？
②何があなたを幸せな気分にしてくれるのか？
③何のストレスが減れば、より幸せになれるのか？

この3つを真剣に考え、あなたにとって「何が幸せなのか」を深く理解することが非常に大事になってきます。あなたも次の3つの質問に答えてみてください。

①最低限、何があれば満足できるか？

［例］
・持ち物は◯◯と△△があれば十分暮らせる
・貯蓄は最低でも◯◯万円あったほうがいいかな
・収入は夫婦で月◯◯万円あれば毎月貯金もできそう
・住まいは、◯◯は譲れないけど、△△は妥協できそう
・仕事は、◯◯は譲れないけど、△△は妥協できそう
・睡眠時間は最低でも◯時間はほしい
・毎日◯時間は好きに使える時間がほしい

この質問に答える際のポイントは、**「あなたは、最低限何があれば十分に思えるのか、その合格ラインを明確にすること」**です。人それぞれ「譲れないこと」「妥協できること」が違います。

つまり、ここでは**「幸せの最低条件」**を見極めることが重要です。当たり前ですが、

求めるものが多くなるほど、そして求める基準が高くなるほど「幸せの合格ライン」が上がり、幸せからは遠のいてしまいます。

住環境のことや仕事のこと、貯蓄や睡眠時間、趣味の時間、持ち物のことなど、最低限の合格ラインはどれくらいなのか、考えてみてください。**その「最低限の幸せ」を確保にするために、僕たちは行動すればいいのです。**

②何があなたを幸せな気分にしてくれるのか？

［例］
・よく眠れたとき
・子どもの成長や家族の笑顔を見れたとき
・周りの人から感謝されたとき
・散歩しているとき
・美味しいご飯を食べているとき

・面白いドラマや映画を観ているとき
・のんびり1日を過ごしているとき
・夜寝る前に念入りにストレッチをしているとき
・お風呂にゆっくり浸かっているとき
・友達の元気な声が聞けたとき
・1日のよかったことを振り返っているとき
・好きな本を読んでいるとき
・好きな仕事で人の役に立てたとき

この質問に答える際のポイントは、実生活の中で「**自分が幸福感を感じる瞬間**」を書き出してみることです。たくさん書き出して、「**自分の幸せポイント**」をたくさん見つけましょう。**そしてできる限り、1日24時間を幸せな気分で満たせるように、1日の過ごし方を考えてみてください。**幸せな人生とは、幸せな毎日の積み重ねです。幸福感を味わう頻度が増えれば増えるほど、間違いなく豊かな生活になっていくでしょう。

③何のストレスが減れば、より幸せになれるのか？

〔例〕

・高収入で高ストレスな仕事より、好きな仕事をのんびりやりたい
・毎日忙しいから、もっと時間に余裕のある生活をしたい
・家事や育児の負担を減らして、新しいことに挑戦したい
・生活費をもう少し減らして、家計に余裕を持たせたい

この質問に答える際のポイントは、**「今あなたが何にストレスを感じていて、何を減らしたらより幸せになれそうか」**を考えることです。生活から「悩み、不満、不安、不快、余裕のなさ、ストレス」を手放すことができれば、幸福度を上げることができます。つまり、そのストレスの原因を手放せるように、生活を見直していくのです。

以上、**この3つの質問に答えると、あなたが幸せのために手に入れたいものと、幸せな1日を過ごすためにやるべき行動が見えてきます。あとはそれを実行するだけです。**

7

少欲知足

これは、僕がミニマリストとして大切にしている言葉です。**「少欲知足（しょうよくちそく）」とは、「ないものを求めず、今あるものに満足すること」を意味します。**たとえどんなに裕福だったとしても、他人と比べ、「足りないもの」ばかり数えてしまえば、いつまでも心は満たされず、自分の人生に不満を抱いてしまいます。つまり、**「あれもほしい！　これもほしい！　もっとほしい！」と多くを求める人生は、心が貧しくなりやすいのです。**

モノが多い人は、どれだけモノを買っても「これだけじゃ足りない」「もっとないと不安」「もっといいモノがほしい」と考えがちです。そして、「もっと働かなきゃ」「もっと収入を増やさなきゃ」「全然貯金が貯まらない」となりがちです。これでは永遠に、心が満たされることはありません。

そうではなく、**たとえ質素で慎ましい生活だったとしても、「今あるもの」に目を向けて「これだけあれば十分」と思えれば、他人はどうであれ、人生に満足することができます。**

ミニマリストは、よく「貧しい生活」と思われがちですが、実はその逆。「ないモノを求めず、今あるモノに満足している」ので、十分に豊かな生活を送っているのです。むしろ、**「これだけのモノさえあれば、十分生きていける」と、多大なる安心感と自信があるくらいです。**

さらに、モノが少ないぶん、「経験」や「思い出」という「豊かさ」にお金を使うこともできるし、貯蓄も十分できます。つまり、「もっと働かなきゃ」「もっと収入を増やさなきゃ」「貯金が全然貯まらない」となることがありません。だから生活が豊かになるのです。

足るを知る者は、たとえ貧困であっても、
心が満たされており、安らかである。
足るを知らない者は、どんなに裕福であっても、
心が満たされず、常に不安である。

あなたは今、どうでしょうか？　心は満たされていますか？　あなたがもし豊かな人生を送りたいのなら、多くを求めず、必要なモノだけで暮らすことです。そして、今あるものに感謝しながら、自由な時間を思う存分楽しみましょう。

［叔父の生前整理動画］

（※6）第1弾：物で溢れた叔父の汚部屋を生前整理しました。

あなたも将来こうなるかも？

https://youtu.be/gMpehAViM54?si=JvUBMpJ4y_aSsrob

（※7）第2弾：こんなに必要？物が多い暮らしは、
失うものも多い。
https://youtu.be/uebP-NjeJjk?si=azqyHR93rLnIWEuF

（※8）第3弾：物を溜め込んだ叔父の結末。

汚部屋で難病と闘う日々だった。

https://youtu.be/2ycokxJCQGE?si=dSN7o7rmwQ9oWfj9

（※9）厚生労働省「厚生年金保険・国民年金事業の概況」

（令和5年12月）

https://www.mhlw.go.jp/content/001233406.pdf

（※10）東証マネ部「【最新版】国民年金・厚生年金は実際は
いくらもらっているのか（提供元：Mocha（モカ））
https://money-bu-jpx.com/news/article049996/

60日で9割捨てる片づけ術　参照・資料

（※1）ユーチューブチャンネル「Minimalist Takeru」
https://www.youtube.com/MinimalistTakeru

［祖母の生前整理動画］

（※2）第1弾：物で溢れた祖母の部屋を片づける前に。汚部屋の特徴。
https://youtu.be/mqEvgC5q3Rk?si=KQumsA7JOgbjfj8-

（※3）第2弾：衣類を100着以上処分。生前整理の重要性。
https://youtu.be/crITSu5PKBY?si=_SV2nLEBROkE47IL

（※4）第3弾：リビングにある大量の物を捨てる。
https://youtu.be/9fULR59F0Mw?si=gMe9glab3Q9RCThG

（※5）第4弾：キッチン周りの片づけ。こんなにモノは必要ない。
https://youtu.be/4jVJ8Nouz2c?si=66osJ1frsDFXho5d

（※11）2022年（令和4年）家計調査年報（家計収支編）
省務省統計局
https://www.stat.go.jp/data/kakei/2022np/pdf/summary.pdf#page=22

（※12）厚生労働省「2023年（令和5年）
国民生活基礎調査の概要
https://www.mhlw.go.jp/toukei/saikin/hw/k-tyosa/k-tyosa23/dl/10.pdf

（※13）総務省統計局「統計から見た我が国の高齢者：
2022年高齢労働者数」
https://www.stat.go.jp/data/topics/pdf/topics138.pdf

エピローグ　片づけを早く終わらせて、人生を楽しもう

本書を読んだあなたは、**「生前整理の重要性」「遺品整理の大変さ」**改めて認識したことでしょう。あなた自身の持ち物はもちろん、実家の生前整理・遺品整理は先延ばしにせず、早いうちに片づけましょう。

僕はミニマリストですが、片づけは嫌いです。なぜなら片づけは疲れるし、重労働だし、面倒くさいからです。人生にはもっと楽しいことがあります。片づけなんかに時間を使っているのは、非常にもったいない。だからと言って片づけを先延ばしにすれば、もっとモノが増えて、余計に片づけが大変になる。

だから僕は、**もう二度と片づけや収納に悩まなくていいようにモノを減らし、「身軽な暮らし」「持たない暮らし」を選びました。モノは必要以上に増やしません。**

生前整理や遺品整理は、**「夏休みの宿題」**と似ています。宿題は面倒くさい。でも必

ずやらなきゃいけない。だから親からは「宿題は大丈夫なの？」「期限までに宿題は終わるの？」「いつになったら宿題をするの？」「早いうちに宿題を終わらせなさい」などと言われてしまいます。なぜなら、宿題は早く終わらせたほうが親にとっても安心だし、子どもにとっても残りの夏休みを存分に楽しむことができるからでしょう。

これ、片づけにも当てはまりませんか？　早く片づけが終われば周りの家族も安心できるし、残りの人生を心置きなく楽しむことができます。

僕は、夏休みの宿題こそ後回しにして先生にも親にも怒られましたが、「片づけ」に関しては人生の早い段階で終わらせたので、今は残りの人生を満喫しようとしていきます。

そして第3章でも説明したように、僕の貴重品はまとめて1箇所に保管してあるし、財産整理もして相続しやすいようになっています。**モノを少なく、シンプルな暮らしを追求してきたからこそ、終活も一瞬で終わりました。あとは残りの人生を楽しむの**

みです。ミニマリストは、自身の生前整理や終活ですら、身軽にこなします。

僕は、人生の早い段階で「片づけ」や「生前整理」、「終活」を終わらせたことで、5つの大きなメリットを感じています。

①今の暮らしが快適になる

モノが減り、整理整頓された環境は家事もしやすく、空間を広々使うことができます。必要なモノが必要なときにパッと手に取れるので、探し物や失くし物の心配もありません。部屋を片づけるだけで、時間的にも精神的にも余裕が生まれます。

②老後に備えやすい

不必要にモノを買わなくなったので生活費が下がり、老後に向けての蓄財が容易になりました。もともと僕は浪費体質で、貯金なんか全くできませんでしたが、ミニマリスト生活になってからは順調に資産を増やすことができています。また、今後も生活水準を上げるつもりはないので、老後に必要なお金は十分貯まるでしょう。

③身近な人を大切にできる

生前整理や終活を行ったことで、今まで以上に家族や友達といった身近な存在を大事にするようになりました。僕も家族も友達も、いつ亡くなるかわかりません。身近な人とより多くの楽しい時間を共有できるように、僕はワークライフバランスを重視するようになりました。自分の周りに豊かな人間関係を築くことは、自身の幸福度にも直結します。

④人生の目標が定まりやすい

生前整理や遺品整理、終活は、人生の大事なことを教えてくれます。命には限りがあること、健康は何よりの財産であること、家族や友達を大事にするべきだということ、人生は仕事やお金だけじゃないということです。そして、「自分が本当はどう生きたいのか」ということにも気づかせてくれるでしょう。

僕はミニマリストとして、「何にも縛られず、自由に生きたい」と思っています。モノはもちろん、仕事や働き方、住所、人間関係、お金にも縛られず、やりたくないことはやらない。やりたいことだけをやる。ワガママだけど、自分らしい生き方がしたい。だからこそ、僕には「身軽な暮らし」が必要だし、「少ないお金で生きる術」を学ぶ必要があったのです。

⑤老後の不安が軽減

人生の早い段階から片づけを終えたことで家計も整い、十分な貯蓄ができるようになりました。そして「足るを知る」ことで、贅沢な暮らしをせずとも、質素で慎ましい生活でも十分楽しく暮らせるようになりました。だからこそ、老後でも変わらず心豊かに暮らせる自信があるのです。

あなたは、これからをどう生きたいですか？
誰と人生を共にしたいですか？
何をして、人生を楽しみたいでしょうか？

最後に、僕からあなたへ「人生の宿題」を7つ出したいと思います。

人生の宿題

- ☑あなたの家と実家を片づけること。
- ☑老後に向けて生活を見直し、貯蓄すること。
- ☑家族のために、終活を行うこと。
- ☑健康に気を遣うこと。
- ☑身近な人を大切にし、楽しい思い出を作ること。
- ☑人生の目標を見つけること。
- ☑人生を楽しみ、幸せを味わうこと。

宿題の締め切りは、命が尽きるまでです。本書を読み、一つひとつ実行していただければ、「人生の宿題」が終わるような内容になっています。ひたすらモノと向き合い、お金と向かい、命と向き合い、自分の体と向き合い、人と向き合い、そして人生と向き合ってみてください。

最後に、あなたのこれからの人生が、より身軽で、より自由に、より豊かになることを心から願っています。

さあ、今日から始めましょう。

ミニマリスト　タケル

FIN

［著者略歴］

ミニマリスト Takeru（みにまりすと・たける）

ミニマリストYouTuber。月間200万PVのYouTubeチャンネルを運営。SNSでミニマリズムの魅力を広める活動を行なっている。10年以上、潰瘍性大腸炎という難病を患っており、病気と闘いながら生活をしている。1年間、自宅療養で無職・無収入の状態が続き、ミニマリズムと出合う。人生の転機となったのは「ミニマリスト」になってから。3000個以上のモノを手放し、月10万円で質素に小さく暮らせるようになった。モノを手放すことで、自分の人生について深く考えるように。本当の幸せとは何かを模索し、「少ないことが、より豊かなこと」だと気づく。現在は、YouTube活動のみならず、全国各地のミニマリストを取材したり、ミニマリストオフ会を開催している。著書に『月10万円で より豊かに暮らす ミニマリスト生活』『月10万円でより豊かに暮らすミニマリスト整理術』（小社刊）がある。

60日《にち》で9割捨《わりす》てる片《かた》づけ術《じゅつ》

2024年12月21日　初版発行

著　者　　ミニマリスト Takeru

発行者　　小早川幸一郎

発　行　　株式会社クロスメディア・パブリッシング
〒151-0051 東京都渋谷区千駄ヶ谷4-20-3 東栄神宮外苑ビル
https://www.cm-publishing.co.jp
◎本の内容に関するお問い合わせ先：TEL（03）5413-3140／FAX（03）5413-3141

発　売　　株式会社インプレス
〒101-0051 東京都千代田区神田神保町一丁目105番地
◎乱丁本・落丁本などのお問い合わせ先：FAX（03）6837-5023
service@impress.co.jp
※古書店で購入されたものについてはお取り替えできません

印刷・製本　　中央精版印刷株式会社

　ISBN978-4-295-41044-7　C0030